云南省社会科学界联合会 组编

《云南史话》编委会

主　编　张瑞才

副主编　余炳武　戴世平

委　员　吴绍斌　李　波　吴丽萍　龚志龙
　　　　周　明　岳石林　陈克华　胡丽华
　　　　何锡英　李保欣　赵卓磊　张培锋
　　　　李维金　杨五青　和文平　游启道
　　　　李文育　陈树华　刘　军　马维聪

《文山史话》编委会

主　编　李维金

委　员　王怀文　张友燕　王燕波　李飞
　　　　何光才　王文菊

文山史话

文山州社会科学界联合会　编著

云南出版集团
云南人民出版社

图书在版编目（CIP）数据

文山史话 / 云南省社会科学界联合会组编；文山州社会科学界联合会编著 . -- 昆明：云南人民出版社，2017.11（2018.12 重印）

（云南史话 . 地方系列）

ISBN 978-7-222-16681-3

Ⅰ . ①文… Ⅱ . ①云… ②文… Ⅲ . ①文山州 – 地方史 Ⅳ . ① K297.44

中国版本图书馆 CIP 数据核字 (2017) 第 287296 号

出 版 人：赵石定
统筹编辑：马维聪
责任编辑：李东华　陶汝昌
责任校对：肖　冰　陈　亚
责任印制：洪中丽
装帧设计：赵　丹

文山史话
wenshang shihua

云南省社会科学界联合会　组编
文山州社会科学界联合会　编著

出　　版　云南出版集团　云南人民出版社
发　　行　云南人民出版社
社　　址　昆明市环城西路 609 号
邮　　编　650034
网　　址　http://ynpress.yunshow.com
E-mail　　ynrms@sina.com
开　　本　787mm×1092mm　1/32
印　　张　9.125
字　　数　141 千
版　　次　2017 年 11 月第 1 版　2018 年 12 月 2 次印刷
印　　刷　云南商奥印务有限公司
书　　号　ISBN 978-7-222-16681-3
定　　价　28.00 元

如需购买图书、反馈意见，请与我社联系
总编室：0871-64109126　　发行部：0871-64108507
审校部：0871-64164626　　印制部：0871-64191534

版权所有　侵权必究　印装差错　负责调换

云南人民出版社公众微信号

总　序

七彩云南，气象万千。

这里东连黔桂，西邻缅甸，北靠川渝，南望越南、老挝，是祖国大陆通往南亚东南亚、前出印度洋的枢纽和大通道。特殊的地理，悠久的历史，孕育了深厚的底蕴，创造了丰富多彩的灿烂文化，成为中华文化同南亚次大陆文化、东南亚文化交汇区域，是文化交汇、融合、多样性的现代范本。

这里山川纵横。横断山、哀牢山、无量山、云岭、乌蒙山等山系支撑起祖国西南辽阔的天空。这里碧水荡漾。滇池、洱海、抚仙湖、程海、泸沽湖、杞麓湖、异龙湖、星云湖、阳宗海等湖泊，像一颗颗璀璨的明珠，镶嵌在云南高原上。这里江河澎湃。金沙江、澜沧江、怒江、红河、南盘江、伊洛瓦底江等六大水流联通各民族共同的家园。这里是植物王国、动物王国、有色金属王国。这里气候温和、四季犹春,在中国是绝无仅有的宜居宝地。

这里历史悠久。元谋人从170万年前的远古走来。战国中晚期庄蹻入滇,第一次把楚文化与滇文化连接起来。秦开五尺道、汉习楼船,云南正式纳入祖国版图。唐宋时期,南诏、大理国文化唱响西南。元初正式建立行省。明清时期,云南经济社会得到长足发展。20世纪初,云南各族人民打响了护国战争第一枪,开始埋葬封建帝制。在抗日战争中,几十万云南各族儿女征战沙场,扬我国威!西南联合大学谱写了世界教育史上的奇迹。

在这片红土地上,传承着红色文化基因。走出了王复生、王德三等早期马克思主义播火者,走出了无产阶级军事家罗炳辉,《中华人民共和国国歌》的作曲者聂耳,马克思主义大众化的中国第一人、我们党思想理论战线忠诚的战士和学者艾思奇。20世纪30年代,毛泽东率领中国工农红军长征过云南，播下了革命火种。40年代后期，中国共产党领导下的滇桂黔边纵队与中国人民解放军，在极端艰难困苦的条件下英勇作战，迎来了新中国的诞生！

这一切，催生了一系列独具特色的历史文化：有史前文化、古滇文化、哀牢文化、爨文化、南诏文化、移民文化、护国文化、抗战文化、西南联大文化、红色文化。

这里是民族文化的富聚区，民族文化多样性的活态博物馆。26个民族中16个独有民族，15个民族跨境而居。民族文化丰富多彩、博大精深、底蕴深厚、特色鲜明。如彝族的毕摩文化、藏传南传佛教文化、傣族的贝叶文化、纳西族的东巴文化、哈尼族的梯田文化，等等，还有各种各具特色的丧葬、婚姻、服饰、建筑、节日、歌舞、生态等文化形态。此外还有各民族长期以来相互交融、相互学习、共同发展而产生的综合性文化，如茶文化、医药文化、烟草文化、驿道文化、青铜文化、石刻文化等，异彩纷呈，不胜枚举。

云南各民族优秀文化是中华文化的重要组成部分,是中华文化的瑰宝,是中华民族文化大花园中的奇葩!在长期的历史发展中,在红土高原上,形成独具特色的历史文化、地域文化、民族文化,其突出特点是多样形态、多元一体、和谐共生。各种文化,相互交融。佛教文化、基督教文化和伊斯兰文化并存(即使在同一宗教内,不同派别也和睦相处,如同为佛教,藏传佛教、南传上座部佛教和汉传佛教,亲密无间)、儒释道文化并存、原生态文化与现代文化并存、多民族文化并存。

在经济全球化、文化经济化、经济文化一体化的今天,文化既是社会生活方式,更是一种社会生产力,是各民族共同的精神家园。

"观乎天文,以察时变;观乎人文,以化成天下"(《易经·贲卦》)。习近平总书记指出:"要始终坚持道路自信、理论自信、制度自信,最根本的还有一个文化自信。"党的十九大报告提出:"要坚定文化自信,推动社会主义文化繁荣兴盛。""没有高度的文化自信,没有文化的繁荣兴盛,就没有中华民族伟大复兴。要坚持中国特色社会主义文化发展道路,激发全民族文化创新创造能力,建设社会主义文化强国。"这是党中央赋予我们这一代哲学社会科学工作者的历史使命!承担起新时代这一历史使命,必须在新的实践基础上,用中国特色社会主义文化引领,推动文化的创新发展。必须深入挖掘传统文化资源,从中吸取历史智慧,引导云南各族人民树立正确的历史观、民族观、国家观、文化观,推动文化创造性转化。还必须为各族人民提供丰富的精神食粮,不断满足人民过上美好文化生活的新期待。

古人云:"虑不远不足以图大功,功不大不足以传永世"。云南省社科联为贯彻落实党的十九大精神,为传承、弘扬云南优秀传统文化,坚定各族干部群众文化自信,决定组织全省有关专家学者编辑出版"云南史话"系列丛书,分别为地方系列、民族系列、特色县市系列、民族文化艺术系列、重大历史事件系列五部分,每套丛书出版20种,共计100种。这是一项规模宏大的系统工程,计划用五年时间完成。通过本套丛书,我们将深入挖掘云南文化宝贵资源,认真梳理云南文化发展脉络,总结云南文化发展的特点及其规律,以期为增强文化自觉,坚定文化自信,牢记习近平总书记对云南人民的嘱托,闯出一条跨越式发展的路子,为努力成为民族团结示范区、生态文明建设排头兵、面向南亚东南亚辐射中心,谱写好中国梦的云南新篇章而奋斗!

是为序。

云南省社科联党组书记、主席　张瑞才

2017年10月

序

云南省文山壮族苗族自治州,是祖国西南边陲一块古老而神奇的热土。在3.22万平方千米的红土地上,生活着汉、壮、苗、彝、瑶等11个兄弟民族。《文山史话》以文山壮族苗族自治州的发展史为主线,从概况、历史沿革、史海钩沉、地方特色文化、自然和人文景观、现代风貌等六个方面展开。概况主要介绍了文山州的地理环境、自然资源、人口和民族;历史沿革从远古文山、古代文山到现代文山,分3个历史阶段介绍文山的社会历史变迁;史海钩沉列举文山历史上具有鲜明时代特征的重大历史事件和历史人物,展示文山州厚重的历史人文;地方文化从历史文化、民族文学、民族技艺、民族戏剧、民族节日、民族歌舞6个方面,全面展示了文山州光辉灿烂、种类繁多、底蕴深厚的地方文化,涉及历史、文学、民俗、美术、舞蹈、戏曲、技艺等诸多门类;自然或人文景观分为自然景观、人文景观、民族风情3个方面,展现文山壮丽的风土人情画卷;现代风貌用了9个篇章,记录了文山州解放以来在各行各业取得发展成就和在中国共产党的领导下文山经济社会发展的巨大变化。

《文山史话》的编辑出版,是全面贯彻落实党的十八大和十八届三中、四中、五中、六中全会精神,以及习近平总书记治国理政新理念、新思想、新战略,特别是考察云南时的重要讲话精神,按照"五位一体"总体布局和"四个全面"的战略布局,推进文山哲学社会科学繁荣发展,促进面向广大人民群众有效开展哲学社会科学研究成果的普及与传播的重要举措,努力为文山与全国全省同步实现小康社会,完成"两个一百年"奋斗目标和中华民族伟大复兴的中国梦做出应有的贡献。

编写组

2017 年 1 月

目　录

一、文山概况 / 1

（一）地理环境 / 1

（二）自然资源 / 6

（三）人口与民族 / 9

二、历史沿革 / 22

（一）远古文山 / 23

（二）古代文山 / 25

（三）现代文山 / 48

三、史海钩沉 / 56

（一）句町古国的建立 / 56

（二）汉武帝设置牂牁郡 / 57

（三）侬智高起义 / 58

（四）独特的阿雅土司城 / 63

（五）改土归流在文山 / 65

（六）项丛周抗法 / 67

（七）富州烽火 / 74

（八）洒戛竜的星星之火 / 79

（九）八寨起义 / 86

（十）文山全民支援抗日战争 / 90

（十一）王有德 / 93

（十二）楚图南 / 95

（十三）柯仲平 / 100

（十四）王世珍对民族传统的改革 / 106

（十五）一个被整顿好了的合作社 / 109

（十六）西畴精神 / 112

（十七）军民同铸老山精神 / 116

（十八）毛泽东主席对西畴县东升合作社的批示 / 119

（十九）邓小平同志对富宁革命老区的批示 / 121

（二十）胡耀邦总书记亲临文山视察 / 122

（二十一）江泽民总书记亲临文山视察 / 124

（二十二）胡锦涛总书记对富宁瑶族山瑶支系扶贫的批示 / 127

（二十三）习近平总书记称赞血性军人王建川 / 129

四、地方文化 / 132

（一）历史文化 / 133

（二）民族文学 / 150

（三）民族技艺 / 156

（四）民族戏剧 / 162

（五）民族节日 / 169

（六）民族歌舞 / 178

五、自然人文景观 / 190

（一）自然景观 / 190

（二）人文景观 / 200

（三）民族风情 / 205

六、现代风貌 / 223

（一）文山解放开辟新纪元 / 223

（二）自治州建立再添新气象 / 227

（三）改革开放边疆展新颜 / 233

（四）科技兴农农业展新姿 / 238

（五）打造园区工业发展谱新篇 / 244

（六）城镇建设城乡换新容 / 249

（七）强化基础设施促发展 / 256

（八）浓墨重彩社会事业溢华彩 / 261

（九）跨越赶超再踏新征程 / 268

参考文献 / 274

后　记 / 275

一、文山概况

（一）地理环境

文山壮族苗族自治州（以下简称文山州）地处祖国西南边陲的云南省东南部，位于东经103°35′—106°12′、北纬22°40′—24°48′之间。东部和东北部与广西壮族自治区百色市的那坡、田林、西林县接壤。南部与越南社会主义共和国的河江、老街省的9个县相邻。西部和西北部与红河哈尼族彝族自治州（以下简称红河州）的开远、蒙自、河口市及泸西、弥勒、屏边县接界。北部与曲靖市的师宗县毗邻。文山州土地总面积3.22万平方千米，东西横距255千米，南北纵距190千米，山区、半山区占总面积的97%。2015年末，全州耕地面积3428282亩，其中田976737亩，地2451545亩，林地6287850亩。

文山州人民政府所在地文山市西北距省会

昆明市 320 千米；东距广西南宁市 676 千米，距最近出海口北海港 878 千米；距越南首都河内市 463 千米，距越南河江省会河江市 143 千米。

文山州国境线长 438 千米。西从马关县与红河州河口县接壤的大梁子河起，经马关县的小坝子镇、金厂镇、都龙镇和麻栗坡县的猛硐乡、天保镇、麻栗镇、下金厂乡、八布乡、杨万乡、铁厂乡、董干镇到东部富宁县的木央乡、田蓬镇的打腮村止。马关、麻栗坡、富宁 3 县的 15 个乡镇 82 个行政村，与越南老街省的猛康县、北河县及河江省的箐门县、黄树皮县、渭川县、安明县、官坝县、同文县、苗旺县 9 个县接壤。有麻栗坡天保、马关茅坪 2 个国家级口岸和富宁田蓬省级口岸。

文山州地处滇东南岩溶高原地带，属中山高原地貌区。地貌基本分为高原剥蚀和溶蚀区、中山溶蚀和侵蚀区。地形东窄西宽，形如横卧的大葫芦。地势由西北向东南倾斜，西北高东南低。西部和北部海拔为 2000 米左右的岩溶高原区，中部海拔为 1600—1800 米左右的高原区和 1400—1600 米左右的岩溶盆地，南部和东部受河流切割，边缘为海拔 1000 米以下的低山区与丘陵区，河流

一、文山概况

下切的地带形成峡谷。境内最高点是文山市的薄竹山，海拔 2991.2 米，最低点是麻栗坡县的天保，海拔 107 米，相对高差为 2884 米。全州大部分地区海拔均在 1000—1800 米之间。文山州州府所在地文山市城区海拔为 1260 米。

六诏山脉纵横全州，南部和北部边缘地带地势低矮，西部和中部较高，山峦起伏，沟壑错落，表现出高原地势的明显特征，是云南省岩溶地貌最典型的地区之一。山岭纵横绵亘，沟壑幽深，形成了全州山地、峰林、丘陵、平坝、峡谷等复杂多样的地形。石芽、溶洞、天生桥及地下河等分布普遍。全州山地、峰林、丘陵地占 94% 以上，较大的坝子有平远坝、丘北坝，面积 1 平方千米以上的中小型坝子共有 257 个。

山脉属云岭山系的余脉，六诏山脉呈东西走向，横亘州内中部地区，支脉纵横全州各地。境内的大小山脉纵横交错，构成了全州复杂的地貌。但由于云南高原面上的残余山地，脉状分布不很明显。境内的山峰主要有砚山县的六诏山、文山市的薄竹山和西华山、马关县的老君山、西畴县的保催大箐山、丘北县的羊雄山和暮治峰、广南县的九龙山等。

文山州分属珠江、红河两大水系。珠江流域面积为17069平方千米，占全州总面积的54.3%；红河流域面积为14387平方千米，占全州总面积的45.7%。两大水系汇集境内百余条江河，呈西北至东南流向。州境珠江流域的主干流经南盘江、清水江、西洋江、那马河、普厅河、驮娘江等流入珠江；红河流域的主干流经盘龙河、八布河、南利河、迷福河、小白河、畴阳河、那么果河、郎恒河等向东南注入越南红河。

文山州境内地下暗河较多，共57条，大小泉流数以千计，地下水流量达50亿立方米，占河川径流量的29%。境内分布着大大小小上百个湖泊，比较大的主要有丘北普者黑湖，砚山县的浴仙湖、差黑海、听湖，文山市老坞海、明湖等。境内分布多处温泉，有文山市的白沙坡温泉、陈家寨温泉、菖蒲塘温泉，砚山县热水潭，富宁县的龙郎等。独特的地形地貌，造就了文山独特的瀑布。比较大的有广南县三腊瀑布，丘北县六郎洞瀑布、革雷瀑布，文山市薄竹山的绝壁飞瀑，广南县的戈峰瀑布等。

文山州境内有砖红壤、赤红壤、红壤、黄壤、黄棕壤、棕壤、暗红壤、紫色土、石灰岩土、水稻土10大类自然土壤。其中前7类受生物、气候、海拔高度影响发育成地带性土壤,后3类因受母岩和人为耕作活动影响发育成非地带性土壤。全州土壤面积3961.1588万亩,其中自然土壤3370.9503万亩,旱地土壤449.7412万亩,水稻土壤140.4673万亩。

文山州地处云贵高原东南部,北回归线横贯全境,属低纬度高原气候,雨量充沛,分布相对均匀。太阳辐射能丰富,热量资源充足。热量分配在时空分布上的特点是:冬季气温较高,春季气温回升快,夏季高温不强,秋季降温不快。气候温暖湿润,大部分地区冬无严寒,夏无酷暑。干凉和雨热同季,年温差小,日温差不大,春温高于秋温,无霜期长,霜雪少。全年多为偏东南风。低海拔地区炎热,高海拔地区凉爽。呈"山高一丈,大不一样"和"一山分四季,十里不同天"的立体气候特征。全年日照时间较长,年平均日照在1494—2055小时之间。夏秋日照时数少于冬春日照时数;热量分布不均,地方小气候明显。全州平均气温在15.8℃—19.3℃之间。最热气候为7月,月平均气温21℃—25.4℃;最冷气候为1—2月,月平均8.4℃—11℃;极端最高气温32.2℃—39.5℃,极端最低气温为-7.8℃。州内降水比较充沛,但时空分布不均。平均年降水量在988.4mm—1333mm,具有夏季雨量多,冬季雨量少的特点,年平均蒸发量为1210.3mm—1897.3mm。

(二)自然资源

文山州水资源丰富,地表水径流达122.5亿立方米,地下径流50亿立方米,共计172.5亿立方米。但由于受地貌、地质和地理位置的影响,水量在时间和地域上分布不均匀,天然径流绝大部分发生在雨季6—10月,地域水资源差异也较为突出。

全州水能资源分布面广,功率大,水能理论蕴藏量为343万千瓦,可开发量175.87万千瓦。

文山州优越的自然环境适宜各种植物的生长。全州有森林植物268科923属3900余种。其中乔木1470种,灌木841种,草本789种,蕨类349种,食用菌类51种,药用植物649种,竹37种。

一、文山概况

植物资源十分丰富,森林资源大部集中于北部的南盘江、清水江流域,州境中部和东部仅有零星的小片森林,森林覆盖率为50%左右。

文山州树种主要有云南松、华山松、思茅松、杉木、柏、椿、八角、油桐、油茶、橡胶等用材林、常绿阔叶林、经济林等,珍稀树种有华盖木、樟、楠、红椿、香木莲等。水果有甜橙类、柚类、苹果类、梨类、桃类、李类、芒果类24科48属224种。牧草有200多种,草场群落结构是禾本科牧草和豆科牧草及其他牧草。禾本科的优势种有光柄芒、类芦、竹节、黄背草等;豆科牧草的优势种有山蚂蟥、苦刺、千斤拔等;其他牧草有莎草科、菊科等。农作物有36种,1727个品种,主要有大、小春粮食、油料、豆类、烤烟、绿肥等。蔬菜有48种,229个品种及莲藕等5个水生植物。花卉资源丰富,种类繁多。花卉尤以兰花最为有名,较为名贵的品种有素馨兰、马关矮种墨兰、大齿兜兰、银拖金边兰等。

文山知名特产甚多,除了麻栗坡县外,其余七个县市均被命名为特产之乡,文山市、砚山县是"中国三七之乡",丘北县是"中国辣椒之乡",

广南县是"中国八宝米之乡",富宁县是"中国八角之乡",西畴县是"中国阳荷之乡",马关县是"中国草果之乡"。文山三七是中药材中的一颗明珠,清朝药学著作《本草纲目拾遗》中记载:"人参补气第一,三七补血第一,味同而功亦等,故称人参三七,为中药中之最珍贵者。"三七是多种药品的主要原料。广南八宝米以粒大、米白、做成的饭香软可口而闻名全国,在历史上被明、清两朝列为"贡米",封为"皇粮"。丘北辣椒具有色鲜、味香、油多、个长等特点,在国内外均负盛誉。

文山野生动物资源丰富,有野生动物兽纲9目24科83种,鸟纲16目40科213种,爬行纲3目9科30种,两栖纲2目3科18种。340余种飞禽走兽以及两栖、爬行动物分布于全州各县(市)。其中有国家一级重点保护的野生动物10种,国家二级重点保护的野生动物60种,还有部分属于省级重点保护的野生动物。

文山州矿产资源丰富,品种较为齐全,遍布各县(市)。现已发现的矿产资源有11类50余种。其中锡储量居全国第三位,锑储量居全国第二位,

一、文山概况

锰储量居全国第八位,铝土、铟储量居云南省首位,锌储量居云南省第二位,钨金储量居云南省第三位。全州 500 余个大中小型矿床和矿点星罗棋布,分散在各县(市)境内。现已开发 40 多种。

(三)人口与民族

2010 年全州总人口为 351.7941 万人,共有家庭户 815165 户,家庭户人口为 3402718 人,平均每个家庭户的人口为 4.17 人。全州人口密度为 111 人/平方千米。居住在城镇的人口为 98.9757 万人,占总人口的 28.1%,居住在乡村的人口为 253.2511 万人,占总人口的 71.9%。

2010 年文山州第六次全国人口普查常住人口县(市)分布如下:

地 区	常住人口数(人)	2000—2010 年平均增长率(%)
文山州	3517941	0.74
文山市	481504	1.15
砚山县	463264	0.57
西畴县	255286	0.78
麻栗坡县	277960	0.37
马关县	367507	0.49
丘北县	477441	0.96
广南县	787449	0.76
富宁县	407530	0.63

2015年全州常住总人口360.7万人,比上年增长0.4%。其中:乡村人口226.63万人,占总人口的62.83%。少数民族人口208.85万人,占总人口的57.9%。城镇人口134.07万人,人口城镇化水平为37.17%。人口出生率为13.1‰,死亡率为6.39‰,人口自然增长率为6.78‰。

文山州境内民族历史源远流长,民风古朴。壮族、彝族先民是古老的土著民族。在漫长的历史长河中,其他民族因战乱、逃荒、经商、军屯、工作、婚姻等各种原因,先后从外省以及云南省其他地区迁徙辗转进入境内,错地而居,繁衍生息。各民族相互依存,共同发展,形成了多民族杂居的居住状况。

文山州有汉、壮、苗、彝、瑶、回、傣、白、布衣、蒙古、仡佬11个民族。全州8个县(市)的人口中,汉族人口为150.1852万人,占总人口的42.69%;各少数民族人口为201.6089万人,占总人口的57.31%。其中,壮族人口为1027270人,占总人口的29.20%;苗族人口为481239人,占总人口的13.68%;彝族人口为351318人,占总人口的9.98%;瑶族人口为

一、文山概况

87709人，占总人口的2.49%；回族人口为24774人，占总人口的0.70%；傣族人口为15776人，占总人口的0.45%；布依族人口为7257人，占总人口的0.21%；蒙古族人口为5655人，占总人口的0.16%；白族人口为9130人，占总人口的0.26%；仡佬族人口为1787人，占总人口的0.05%；其他民族人口为4174人，占总人口的0.13%。

汉族。西汉时期，"西南夷"地区设郡县，实行"羁縻政策"，汉族开始从内地迁入文山州境。北宋皇祐五年（1053），狄青征侬智高至特磨道（今广南、富宁）汉族兵卒落籍。南宋时期，内地汉商与大理国贸易频繁，部分商人途经文山落籍。明朝实行"移民就宽乡"政策，大批汉族进入文山州境内，明洪武十五年（1382），明军入滇屯军戍边，文山、广南设置卫所，江西、浙江、湖南、河南等地士兵入境屯边，士卒随带家眷，共同屯垦。内地商贩也源源而至，客久成家。临安府（今建水）汉人移民教化（今文山），开化府城曾建有"临安会馆"。明朝中后期，李、赵、孙、吴、杨姓汉族就是从临安移民教化的。清代乾隆中后期，麻栗坡、马关、富宁边界地区与越南通商，部分内地汉人迁入从事手工业和农业。嘉庆、道光年间，黔省汉民源源流入西畴董马、鸡街等地，至今仍有许多村民带有贵州口音。清康熙、雍正以后，川、楚、粤、赣之汉人，迁入文山后散居于山岭间，新垦地以自殖，伐木开径，渐成村落。清光绪年间的中法战争，裁汰清军达数万人，均落于文山、广南一带。

文山州的汉族分布在境内的每一乡镇，自古以来以农业为主，除流入的商人、手工业者居住在城镇外，原军屯、民屯户则多住于河谷区和半山区，从事农业生产。改革开放以来，随着商品经济的发展，农村集镇增多，大批农村汉人涌入城镇经商。

壮族。文山州壮族源于古代百越族群中的骆越、西瓯人。远古时代就有壮族先民在此开拓繁衍。春秋战国时期，今文山州境内居住着百越族群的句町、进桑部族。秦、汉及以后的较长时期，百越族群分化和重新组合，境内称为"僚""鸠僚""濮"的部族与百越族群有着密切的渊源关系，同属壮傣语支，居住区域相连，"百"与"濮""布"

一、文山概况

音声相近,现代壮族有的支系仍自称"布越"。

随着历史的发展与变化,因战争、屯边、逃荒、经商等原因,境外壮族先后迁入境内"错地而居"。北宋皇祐元年,广源州壮族首领侬智高反对交趾入侵和朝廷腐败发动起义,失败后侬智高率余众退至广南驻守丝苇寨,后率部西去欲联合大理国王,宋军追踪途经今砚山、马关、文山县境和丘北三江口一带,侬智高部下和宋军中的壮族士兵,在战争中一部分散落在今广南、砚山、文山、马关、丘北等县落籍。明、清时期,广西部分壮族迁入西畴、麻栗坡境内。

壮族是文山州境内少数民族中分布最广、人口最多的民族,全州8县(市)均有分布,尤以广南、富宁、砚山、丘北县为多。壮族被称为"水边的民族"。多分布在有河、溪、井的坝区、河谷地区和靠山临水的丘陵地带,具有大聚居、小分散,居地连片的特点。全州所有乡镇中,几乎都有壮族居住。

苗族。苗族源于最早和黄帝、炎帝同时代的生活在黄河中下游的蚩尤部落,和远古时期的"九黎""三苗""南蛮"有密切关系。由于战乱和逃荒等原因，最早于唐初即有苗民从贵州迁入文山。明初，湖南城步、武冈部分苗兵征调戍守贵州西部，留居晴隆、普安、郎袋、水城等地，有苗民由贵州迁至丘北县。明末又有苗民从贵州、广西等地迁入。清康熙初年，部分苗兵随吴三桂南征，原住普定、郎岱的许多苗民为避战乱迁至文山地区。雍正年间，"乾嘉苗民起义"失败后，部分苗民经兴义迁入文山地区，杂居城乡各民族之间，逐步成为文山境内人口最多的少数民族之一。

苗族散居于文山州境各县市，历史上深受封建统治阶级的压迫剥削和民族歧视，生活贫困，大多居住在边远山区和半山区，过着刀耕火种的生活。民间流传"桃树开花，苗族搬家"之说，是旧社会对苗族居无定所、颠沛流离生活的真实写照。新中国成立后，生活条件不断得到改善，苗族定居下来，有很少一部分居住坝区和集镇，大部分聚族而居或杂居于各民族之间。全州几乎所有的乡（镇）均有苗族分布，其中以广南县、马关县、麻栗坡县最多。

苗族完整地保留了自己的民族语言、传统文化、风俗习惯和民族服饰。文山苗族有青苗、花

一、文山概况

苗、白苗、红苗、汉苗等的自称和他称,但是苗族内部完全可以用苗语进行交流。苗族没有自己本民族内部使用的民族文字,苗族传说历史上曾经有过文字,苗族妇女百褶裙上的图案就是苗族文字,但是因为长期的迁徙,已经没有人知晓了。新中国成立后,人民政府为苗族创制了拼音文字,1957年国家民族事务委员会批准试行,到目前一直为苗族使用。苗族妇女的服饰因自称和他称的不同而有所区别,其中以白苗的服饰与其他自称和他称不同的苗族的服饰区别最为突出,白苗妇女的服饰主要以白色为主。

彝族。彝族是文山的土著民族,也有从外地迁徙而入的,外地迁入部分均为云南省内迁入。

文山州的彝族支系繁多,居住较广。主要有:倮支系,自称阿塞、罗罗布、所都、洗期麻、改斯泼、戈布、花族,他称倮族、白倮倮、黑倮倮、课倮倮、花倮倮,其中白倮倮、黑倮倮为土著。仆支系,有黑仆拉,自称阿扎;白扑拉,自称"作科";花仆拉,自称阿僰。撒尼支系,自称撒尼泼。阿武支系,自称阿武,他称孟武、阿吾、孟乌、孟族。格仆支系,自称葛泼、阿灵泼,他称葛倮倮、阿度、阿戛。还有阿细支系和腊鲁仆支系等。

全州的乡镇中,除富宁县谷拉乡无彝族,其他乡镇均有彝族居住。

瑶族。文山州内的瑶族是秦汉时期"长沙、武陵蛮"的一部分。南北朝时称"莫瑶"。因灾荒、战乱等各种原因先后向南迁徙。唐朝年间,从湖南经贵州迁入。元、明、清时期相继迁入的较多。现居住麻栗坡的盘、邓、蒋姓家藏古籍载,入境定居已30多代人,至今700多年,当为元朝年间。其间有的曾迁往越南,后因世乱又迁回中国麻栗坡县猛硐定居。富宁县新华镇牙牌村盘廷光(靛瑶)家藏《本命书》载:盘氏祖籍湖南,辗转江西、贵州、昆明、麻栗坡到越南后又迁入富宁木央、田蓬下寨,最后迁到牙牌村至今,已繁衍14代。瑶族古籍《盘皇卷牒》《开山歌》《信歌》记载:多数瑶族是明、清时期屡遭封建统治阶级的残酷压迫、驱赶和围剿,先后从广东、广西交界西江流域镇龙山瑶区,辗转迁入广南府、开化府的边远山区定居。富宁县山瑶支系,于清雍正年间先后从广西平果、田东、德保及越南迁入富宁县归朝镇的龙门龙绍定居,至今200余年。

一、文山概况

由于历史上的多种原因,州境内瑶族多居住山区有林地区。民间有"瑶人住箐头"的民谣,史载瑶族多处深山,喜猎善搏虎豹,至今仍大分散、小聚居,主要分布在富宁、麻栗坡、广南、丘北、马关等县的边远山区。

现居住文山州境的瑶族有3个支系:自称"门"或"金门",他称蓝靛瑶;自称"孟棉"或"尤勉",他称大板瑶、角瑶;自称"秀"或"亚",他称山瑶、过山瑶。

回族。元朝中统年间,忽必烈率蒙古大军攻占大理后,在云南建立行省,云南始有回族迁入。元十一至十六年(1274—1279),回族人赛典赤·瞻思丁任云南省平章政事期间,随部多为回族。这些回族亦兵亦农,屯聚牧养,落户安居,一部分落籍丘北县境。明洪武年间傅友德、沐英南征,所带江南回族兵将屯垦定居,又有部分回族定居丘北县境。清康熙至乾隆年间,部分回族从临安府和玉溪地区迁入文山茂克寨、广南县城及珠琳等地。而后由于经商贸易、易地做官、逃荒避难、婚姻等原因流徙文山境内。清康熙年间,有石屏、开远、通海、曲靖、玉溪、沪西等地部分回族迁入丘北、砚山。乾隆年间,马姓回族率先迁入广南县城定居。文山茂克考据,马氏部分来自建水,部分来自陆良。杂姓回族亦分别来自沙甸、沪西、南京、陕西等地。

回族主要聚居于文山、砚山、丘北、广南4县(市),多从事经商和加工业,一般多在交通方便的公路沿线和地势平缓的坝区集镇定居。具有"大分散、小集中"的地域特征。

傣族。傣族源于古代"百越"族群中的"僚""濮"。唐宋时期分化组合为"金齿""茫蛮""白衣"。元、明、清时期称"百夷""摆夷""摆衣"。马关县都龙镇黄氏傣族家谱载,黄氏于清乾隆年间从广东肇庆迁入,在当时已被安南(今越南)强占的都龙老街子定居,继而被安南当局封为聚隆总社头目,成为当地土司。麻栗坡县猛硐、南温河地区的水傣梅氏、黄氏土司等,是清朝初期和中期从今越南河江省先后进入猛硐等地,经营特产秃杉板发财后定居,继而成为猛硐、城子上的傣族土司。文山市的傣族是明、清时期因战乱、灾祸等从西双版纳迁入。这些水傣有少数在安南时是京族,流入定居后自然同化为傣族。

一、文山概况

都龙黄氏土司流入前是汉族,流入傣区受封为当地土司后变为傣族。

文山州境内的傣族主要分布在文山、马关、麻栗坡、砚山等县(市)。

白族。唐代白族从南诏、石城迁入丘北县北部、东部定居。是文山州境内历史悠久的民族之一。丘北县北部与曲靖地区相连,其地域属古代白族先民白蛮活动、居住的范围。明朝初期和洪武年间,一部分白族从大理迁入文山。

白族长期与彝、汉、苗等民族杂居相处,成年人除通汉语外,有的也通彝语、苗语。白族主要分布在丘北县。

蒙古族。元朝中统年间,蒙古族统帅忽必烈率10万蒙古军攻入云南后,留下元将兀良合台镇守云南,部分蒙古族在云南通海等地安家落户。明朝洪武十四年,朝廷派大将沐英、傅有德率领明军30万入滇平定元朝残余势力,元将虎都贴木儿(火都贴木儿)归顺明朝后随沐英入滇,后举家迁通海,成为云南境内伙姓蒙古族人的始祖。清朝初,部分蒙古族从通海迁到文山境内定居。由于历史原因,不敢实报民族成分,通称汉族。

但仍保留一部分蒙古族的特点和习俗。1984年，根据蒙古族的要求，文山州人民政府经过调查确认，批准恢复居住在文山、西畴、马关、麻栗坡、广南5县209户伙姓和余姓蒙古族成分。麻栗坡县又恢复胡、王、冉、黄、彭等姓氏的蒙古族成分。

文山州境内的蒙古族主要分布在麻栗坡、马关、西畴等县。

布依族。文山州境内布依族源于古代百越族群。清嘉庆三年前后，从贵州迁入。清乾隆五十八年，贵州省南笼等地布依族女领袖阿崇（号王囊仙）和韦朝元（号七绺须）领导农民起义。嘉庆三年九月起义失败，清王朝对黔省布依族实行遣散政策，迫使部分布依族流入滇南开化府定居。嘉庆十二年，又有部分布依族寻亲迁入马关县定居。1957年民族归系时曾归入白族，1993年6月1日，恢复为布依族。

文山州境内的布依族主要连片聚居在马关县木厂、仁和、都龙、大栗树、马白等乡镇的30个自然村。

仡佬族。仡佬族是古代"僚"的一个支系，历史悠久。文山州的仡佬族是在明末清初时期由

一、文山概况

贵州省境内迁徙而来的。首先迁入广南、麻栗坡等地区居住，后又有部分迁徙到富宁、砚山、马关等地定居。1957年民族调查时，文山地区的仡佬族归系为彝族。1984年9月6日恢复仡佬族的民族成分。

文山州仡佬族人口较少，迁徙变动大，在全州有少量分布，仡佬族有4个支系，即白仡佬、青仡佬、红仡佬和花仡佬。花仡佬又称歪仡佬或披袍仡佬。各个支系的服饰、语言、习俗等稍有差异，语言大体相同。

二、历史沿革

　　文山的发展史,是中华民族发展史的一个组成部分。在文山西畴县出土的"西畴人"牙齿化石,经过考古学家研究鉴定,为中国境内最早的原始人之一,通过确定"西畴人"的年代,证明在距今5万年左右的远古时期就有旧石器时代晚期智人在文山境内居住、繁衍。上古时期的句町国,其都府就设置在今文山广南县境内,区域覆盖了今天文山全境以及周边的曲靖市和广西壮族自治区的百色市、贵州省黔西南州的一部分。沧海桑田,世事变迁,中古时期以后,文山州的版图和辖区治所设置逐渐清晰。民国三十一年(1942)4月,云南省在边远地区设置七个行政督察区,文山属第二行政督察区,治所在文山城。民国三十五年(1946)4月,云南省改设十三个行政督察区,文山称第四行政督察区。新中国成立后,1950年

二、历史沿革

11月，滇东南行政专员公署根据中共云南省委、省人民政府的指示，将"云南省第四行政督察区"改称"云南省人民政府文山地区专员公署"。1958年4月1日，经国务院批准，正式建立文山僮族苗族自治州，实行民族区域自治，辖文山、西畴、马关、麻栗坡、砚山、广南、富宁、丘北8县。1965年10月，经国务院批准，将文山僮族苗族自治州改为文山壮族苗族自治州。2010年12月2日，经国务院批准，撤销文山县，设立文山市。从此，文山共辖文山、西畴、马关、麻栗坡、砚山、广南、富宁、丘北8个县（市），101个乡（镇）（其中民族乡16个），947个村民委员会（居委会），15967个村民小组。有汉、壮、苗、彝、瑶、回、白、傣、蒙古、布依、仡佬11个世居民族，到2015年底，全州总人口360.7万人，少数民族占57.9%。

（一）远古文山

根据文山文物考古材料研究发现，远古时期，文山就有人类居住、繁衍、生息。在盘龙河沿岸发现的石磨工具和青铜器时代的斧、锄、矛、叉、凿等，与滇文化、夜郎文化有着较大的一致性。1972年，中国科学院古脊椎动物与古人类研究所在文山州西畴县境内发现5枚人类牙化石,从其咬合面看,还保留有森林古猿类型;从形态特征和测量数据看都较接近现代人,长宽指数没有超出现代人的变异范围,具备了晚期智人的特征。1973年10月,北京博物馆、云南省博物馆和文山文物工作者联合,对在西畴县西洒镇东郊山麓仙人洞发掘和清理出的5枚古人类牙齿化石,以及共生的长臂猿、猩猩、东方剑齿象、中国犀牛等33种哺乳动物化石进行鉴定,确定为"西畴人",西畴人牙齿化石,是云南首次在洞穴内发现的旧石器时代晚期智人化石。其年代距今5万年左右。

"西畴人"的发现,进一步扩大了中国古人类分布的范围,为进一步深入了解中国晚期智人的特点和分布,以及人类的起源与发展提供了新的资料。根据考古学家和考古学界对晚期智人生活的基本判定,属于旧时器时代晚期的晚期智人的"西畴人",已经进入了氏族社会的初期,开始建立母亲氏族公社。西畴人以洞穴为居住地开始群居,生活方式基本固定,主要以狩猎为主来获得食品,同时也依靠采摘植物果实和打鱼捞鱼,生产劳动工具为刮削器、尖状器、砍砸器为主,

二、历史沿革

出现骨、角、牙器等。

"西畴人"的发现,充分说明了文山是人类的发祥地之一,是人类最早生息繁衍的地方。

(二)古代文山

据史料记载,在秦始皇统一中国前,中华大地共有大小王国1000多个。地处今滇、桂、黔三省(区)结合部的云南省文山州广南县,是古代句町国的故地。公元前3世纪,广南县境内及附近地区为句町部族居地,以僚、濮为主的部族组成句町国。

先秦以前,句町国是一个独立的方国,处在岭南骆越方国与西南夷的滇、夜郎诸方国之间。西汉元昭帝始元六年(公元前81),句町部族首领毋波协助汉王朝平定反叛有功,汉昭帝封为句町国王。秦末汉初,句町国王毋波开始仰慕中原经济文化的发达及汉帝国的强大,在汉武帝平定南越国和西南夷并设牂牁郡之后,决定臣属汉朝。汉武帝废句町国及撤销句町王封号,封毋波为侯,以其置地句町县,受牂牁郡管辖。自此之后,句町地区即正式列入中国版图,句町人也成为中华民族大家庭中较早的成员之一。

句町国从春秋到南朝,在历史的舞台上活动了600多年时间,在鼎盛时期,其疆域也不断扩大。范围包括北面约在南盘江以北部分地区,西北与滇池区域的滇文化接壤,东北与夜郎文化为邻,西面大致在元江一线,东面延伸到百色盆地一带,与西瓯和骆越文化交错,南面与东山文化相连,以及越南北部边界地区的老街省、河江省的部分地区,即今云南省文山州全部,红河州中东部,玉溪、曲靖和广西百色3个市,以及越南北部的部分地区。

汉朝对文山州境地政区归属初步明确,但今文山州所属各县归属不一,境内也未设治所,直至宋朝。

西汉元鼎六年(公元前111)十月,汉武帝刘彻开发西南边疆,令驰义侯率兵征讨西南夷,平西南夷后置牂牁、越巂等郡。牂牁郡辖17县,其中11县在今云南东南部,6县在今贵州西部。今广南、富宁属句町县地,西畴、麻栗坡属都梦县地,丘北属镡封县地,文山、砚山、马关县属进桑县地。东汉时期,今文山州各县仍隶牂牁郡。广南、富宁属句町县地,丘北县属镡封县地,文山、

二、历史沿革

砚山、马关、西畴、麻栗坡属进乘县地。

三国蜀汉建兴三年（225）春，诸葛亮率兵平定益州、越巂、牂牁、永昌4郡后，将4郡改建为建宁、朱提、云南、永昌、兴古、越巂、牂牁7郡。今文山州8县分别隶兴古郡的句町县地（广南、富宁），镡封县地（丘北），进乘县地（文山、马关、西畴、麻栗坡）。

西晋泰始六年（270），滇境设宁州，兴古郡随隶，辖境内镡封（丘北）、进乘（马关、砚山）、都篖（西畴、麻栗坡）、句町（今广南、富宁）等县。西晋太康三年（282），废宁州，将其并入益州设南夷校尉，兴古郡所辖各县随隶。太安二年（303），西晋在全国实行州、郡、县三级建制，复置宁州，全国设19州。今文山州地属兴古郡，其中，文山、砚山、马关属进乘县地，广南、富宁续隶句町县，丘北续隶镡封县地，西畴、麻栗坡转隶都篖县地。

永嘉五年（311），南中（云南）将大郡析为小郡，境内分属宁州兴古郡和梁水郡，其中，今广南、富宁隶兴古郡辖句町县地，西畴、麻栗坡隶兴古郡西安县地，马关隶梁水郡辖新丰县地，文山、砚山隶梁水郡建安县地，丘北隶梁水郡镡封县地。

东晋时期，宁州分辖17郡，今文山、砚山、马关隶梁水郡建安、新丰县地，丘北隶梁水郡镡封县地，西畴、麻栗坡隶兴古郡西安县地，广南、富宁隶兴古郡辖句町县地。东晋永和三年（347）至北周大定元年（581）的200余年间，战乱频繁，南中大姓爨氏据地称雄，郡地设置变化频繁，今文山州归属也随之频繁变动，具体归隶大多难以考证。其中，南北朝北魏延昌四年（515），宁州改南宁州，治所今曲靖，境内属南宁州西爨地兴古郡。

隋统一全国后，今文山州转辖南宁州总管府。隋文帝开皇四年（584），取消总管府，改州、郡、县制为州、县制，废古郡，设昆州、恭州、协州，今文山州境隶昆州。

唐朝时期于唐武德元年（618），云南设羁縻州县，置南宁州都督府统诸州，命部族首领世袭掌管。今文山州境分属严州、汤望州、归武州、奏龙州、英州、声州、勤州地域。

开元年间，今广南、富宁一带归岭南西道安南都护府管辖，马关、文山、砚山、丘北、西畴、

二、历史沿革

麻栗坡县归剑南道西川节度使管辖。南诏时期,今文山、砚山、西畴、麻栗坡、马关、丘北为通海都督管辖,广南、富宁属岭南西道(治所邕州)安南都督府管辖。

宋朝时期从太祖建隆元年(960)后,今文山州分属大理国前期的马部(后期为王弄部,今文山市薄竹镇及河口县一带)、空部(后期为教合三部,今文山市西)、矣部(后期为矣尼迦部,今马关、西畴、麻栗坡)、维摩部(今砚山、丘北县)、延众镇(后期为钟家部,后归最宁镇,今富宁县部分)、特磨道(今广南县和富宁县西部)统管。

仁宗天圣元年(1023),今广南、富宁一带属邕州特磨道,县治所在广南县,这是历史上中央王朝在文山境内设置的一个治所。

皇祐五年(1053)正月十八日,广西壮族起义首领侬智高被狄青率领的宋兵战败于归仁铺。侬智高及其母率余部由广西田林合江口退入特磨道(今广南县境),驻兵丝苇寨,在宝月关连山峭壁上建关隘。

侬智高在特磨道得到继父侬夏卿的支持,招

兵3000余人，骑射操练，以图再起。后宋将杨文广部追至特磨道，侬智高退至丘北境小江口一带活动。寓居今文山市境的乡人龙海基，被宋军请为向导引领宋军追击侬智高有功，被宋朝朝廷封为阿雅（今马关八寨）地的首领，统领和驻守阿雅地。朝廷又命当地人沈达屯兵驻守富州（今富宁县）。

至和二年（1055），宋兵在特磨道攻破宝月关，俘获侬智高的母亲阿侬及弟侬智光、侬智高的儿子侬继封，将其押送至都城开封。

嘉祐七年（1062），特磨道反宋首领侬夏卿等向宋军投降，归顺宋朝廷。

南宋时期，广西横山寨（今田东）为较大的战马交易市场，大理国前往交易战马经过现文山州境，今富宁县花甲、者桑、百油等地也随之先后出现了许多的交易战马的市场。壮族先民自己纺织的土布等土特产品也因为来往人员的增多和贸易的增加而开始销往外地，外地文化特别是中原文化继续传入。

宋朝民间贸易十分活跃，宋朝铜钱的信用最好，被民间大量走私到东南亚。文山作为通道，

二、历史沿革

贸易人员来往十分频繁,丝绸贸易也从内地经文山到东南亚,文山开始成为南方丝绸之路上的重要节点和通道。

元朝建立后,中统二年(1261),教化等部不堪蒙古贵族的压迫,组成"爨军",参与舍利为首的30万云南各族人民大起义。

至元十二年(1275),特磨道将军农士贵率10万户向云南行省请降。次年,改特磨道为广南西路宣抚司,领福州(今广南县、砚山阿基、干河)、富州(今富宁县)、上林州(今广西林县)、耒安州(今广西田阳县)、路城州(今广西田林县)以及今越南河江省东北部。今丘北县属广西路(治所沪西),今文山、砚山、西畴、马关、麻栗坡县属临安路(治所通海)。

至元十五年(1278)五月,改广南西路宣抚司为宣慰司(从三品),领福州、富州、罗佐州、安宁州及今越南河江省东北部等地。

至元十七年(1280),广南西路宣慰司改宣抚司,官职为从四品,区划沿袭。

至元二十七年(1290),富州花角蛮(壮族)首领韦郎达举兵造反,省军招抚失利。延祐七年

（1320），韦郎达率53村壮族万余人再次围攻农土富居地阿用村，头人侬郎胜，率众投降韦达郎。

元朝的建立，中国结束了唐末藩镇割据以来的南北对峙和五六个民族政权长期并存的分裂及战乱局面，推动了多民族国家的统一和发展。

1252年，蒙哥泽命忽必烈与兀良好合从四川迂回云南，征服了大理国，建立了对云南的统治。

元朝曾经几次派兵征服安南（越南），从元二十一年（1284）至二十二年（1285），忽必烈之子镇南王多次发兵进入安南，安南王撤离都城，进入深山老林，待元军疲惫之时再乘机袭击，因进入雨季，大雨连绵不断，再加上瘟疫流行，被迫退兵回国。至元二十四年（1287），元兵再次出兵安南，又因断粮和染病被迫班师回国，两次征战安南均以失败而归，两次征战均过境文山，极少部分的元兵留在了文山。

这一时期，文山经济社会发展缓慢，但因和内地交往增加，富州的部族从江南一带学习和引进了天车技术，提水灌溉农田，促进和加快了农业的发展。

明朝时期，洪武十五年（1382），明军平定

二、历史沿革

云南全境。洪武十五年（1382）十一月，明朝政府改革行政管理体制，将路改为府，广南西路宣抚司改广南府，临安路改临安府，广西路改广西府，辖地沿袭。

就在这一时期，教化领主龙者宁反元附明，随明军征讨大理、广南等地有功，朝廷加封为云南卫指挥衔。

洪武十七年（1384），普厅（今富宁县城）始建富州城，设吏目一人。洪武十九年（1386），广南城始建排栅为城，周长4里，设西门和南门。洪武二十二年（1389），指挥同知率部在广南筑城守卫，土司侬正佑集众占据山林与王俊对抗，被王俊设计擒械送京师，后侬正佑归顺朝廷，其子侬郎举被封为广南通判。洪武二十三年（1390），明军平定强现三部，而后设教化三部、王弄、安南三长官司。洪武二十八年（1395），设置广南卫，明军将领沐英屯兵边境，军户屯守富宁、广南、丘北等要塞，土兵就地落籍，和当地人一起从事农业生产。

永乐十二年（1414），设立八寨长官司，封龙者宁为副长官，加四品服色。宣德六年（1431），安南长官司长官作乱,反叛朝廷,朝廷派兵进剿,之后安南长官司被撤。正统五年(1440),今广南、维摩、师宗一带沙人、侬人起兵造反,都督沐昂率兵镇压。正统六年(1441),广南府土同知侬郎举,富州土官沈政相互侵地大动干戈,争斗持续10余年。弘治六年(1493),维摩州土司资高、资贤造反,州官被迫出逃。

万历三十四年(1606)一月,交趾(越南)犯边,阿雅土司龙上登联合王弄山土舍沙源抗敌失败,阿雅城(今马关八寨)被交趾兵攻陷。万历四十年(1612),交趾伪官阮咏诱杀牛羊(今西畴老街)侬继武,牛羊人齐起攻杀,交趾兵退。万历四十五年(1617),交趾酋谨国公率交兵1万攻阿雅高坐(今马关县八寨老城子)又遣东岳公领兵5000人出牛羊欲攻教化,土司龙上登以计御敌,杀都督1员,擒获甚多,迫使交趾议和。秦昌元年(1620),交趾兵进犯,王弄山土舍沙源率众堵击获胜,斩其侯、伯3人。

天启二年(1622)十月,交趾数万再度侵犯,沙源命其弟率部破其中坚,擒敌帅,俘斩2000余人,朝廷嘉奖,准世袭安南长官司命。天启五年

二、历史沿革

（1625），富州哨官李天保起兵反土司，攻占普厅衙署，土司沈明通移署皈朝。至1638年，沈明通请求广南府出兵击败李天保，沈明通划八宝、里达、睦伦、郎恒等地归广南府以作酬谢。

崇祯五年（1632），阿迷州（今开远）土酋普名声造反，被广西知府张继孟毒杀而死。次年，普妻万氏拥兵自重，遣使拉拢阿雅土司龙上登攻省城，使者被龙上登捆送至临安。万氏忌恨，诱古木土司龙元祚为内应，率兵攻打阿雅城，龙上登抵挡不住，携家人逃亡交趾，不久病死于交趾。万氏招赘王弄山土酋沙定州，继续反明。

崇祯六年（1633），广西上林长官司辖地划入广南府辖。

明朝时期，文山与内地的交往继续巩固和扩大，朝廷加强了对边疆的控制，还曾收复与文山相邻的安南，设置安南布政使司，安南正式成为明朝的一个行政区。这一时期，经济得到较好发展，内地文化传入的范围加大、影响加深。万历四十三年（1615），阿雅（今马关八寨）土司龙上登赴京受命土司职归来后，首倡并积极办学，传播中原文化。崇祯十六年（1643），牛羊地（今西畴)人季大年入蒙自县学,学成归来后兴私塾,设馆授学。文山各地办学逐步兴起,当地开始设馆学习和接受中原文化。

农业生产加工方面,广南底圩壮族将野生茶树于崇祯年间开始改为人工栽培,逐步加工发展为底圩茶和姑娘茶(竹筒茶)。

除了有大量屯田的官兵留在文山,定居文山外,苗族、瑶族等少数民族也在这一时期有部分迁入文山。

回族也在这一时期大量迁入文山,在内地经文山到安南的交通要道上开展货物贸易。

明朝时期文山和内地以及广西广东的贸易往来得到极大加强,外省的商人纷纷进入文山,在交通要道、码头、人口密集的集镇设点开店。在驮娘江上运送物资的船只来来往往,博爱(博隘)、板蚌码头一片繁忙。广东、广西商人到富州(富宁)博爱(博隘)定居经商,在博爱修建了"岭南会馆"。

清朝时期,顺治二年(1645)十二月,沙定州袭攻昆明沐府,占据省城,驻守昆明的沐天波败走楚雄,沙继而攻入大理、蒙化。顺治四年(1647),大将军孙可望、李定国从黔入滇,沙

二、历史沿革

败于曲靖，走临安（建水），退守腻革龙（今丘北）。次年8月，沙及妻万氏被李定国擒杀。

李自成攻陷北京后，朱由榔（永历皇帝）携胞妹（明桂恭王府安化郡主）顺治八年（1651）二月自广东肇庆退经广南，其妹于坝汪坡染病而死，年16岁。当地壮族厚葬于城西郊今太平村（火烧寨）旁土坡上。后人在墓前建皇姑庙，每年农历四月太平村壮族人民扎彩轿接皇姑，久而成俗。

顺治十六年（1659），清军平定云南后，广南土司侬鹏投顺清军，授土知府职。

顺治十七年（1660），云南设局铸铜币，广南府为全省10处建炉铸币之一，至雍正三年（1725）停造。雍正十二年（1734），广南复设炉49座，铸"宝云"铜币运往汉口，乾隆三年（1738）停铸。乾隆十五年（1750）复设铸炉15座，每年铸铜币36卯（每卯12880串，每串1000枚）。道光十五年（1835）广南府始铸方槽银锭。

顺治十八年（1661）十一月，吴三桂奏准在云南征田赋，枯木、八寨、牛羊等地开征米粮。

康熙四年（1665）三月，维摩州土酋沈应麟、沈兆麟联合王弄山王朔、蒙白李日森、八寨李成林、教化张长寿、枯木龙元庆等土司攻打临安、蒙自、通海等地，震动全省。总督、巡抚派兵分剿。几个月后，起兵反叛的大部分土司被吴三桂擒而诛之。

康熙五年（1666）三月七日，清政府增设开化镇总兵官。

康熙六年（1667），清政府在西南民族地区实行改土归流，开始由土司制改为流官制，把教化、安南、王弄三长官司辖地并置于开化府。清朝首派流官刘䜣任知府。开化府辖八里：教化司为开化里，安南司为安南里，八寨司为永平里，王弄司为王弄里，牛羊司为东安里，枯木司为逢春里，维摩州为江那里，乐龙新现为乐龙里。仍由土司后裔负责催征钱粮缴纳官府。

实行流官制后，流官开始开设开化府学，校址在今文山城。

康熙七年（1668），开化知府刘䜣始筑土垣为城。

康熙八年（1669年），裁广西府之维摩州，改设三乡县，归广南府辖。次年裁三乡县，分散划归广南府、开化府、师宗府、阿迷州管辖。至

二、历史沿革

1730年复设丘北分州，次年筑城。

康熙十二年（1673）吴三桂反叛朝廷，广南府同知世袭第16世土司侬鹏奉调率部征战，于西柏桥俘获吴三桂大将夏国相。

康熙三十三年（1694），开化知府李锡于城门外新街捐设第一所书院，名"开阳书院"。

康熙四十六年（1707），清朝政府开始在文山黄龙山老岩开采银矿，产白银10620两，课银708两，为州境最早的矿业之一。

雍正二年（1724），交趾（今越南）国王黎维祹屡次派兵侵占开化（文山）。第一次侵占了开化府逢春里（今马关县）黑河（大赌咒河，又名安边河）以北一带猛康、南狼、都龙、南丹等30多个中国村寨，逼近逢春里城南2里处之马白汛小溪（小赌咒河）。云贵总督高其倬查实，并三奏请求朝廷收回失地。

继任云贵总督鄂尔泰先后八次上奏朝廷议定边界，雍正帝准于铅厂山下的小白河为藩属之界（今马关县夹寒箐大籅腻村），筑关楼、炮台，驻兵戍守。

雍正六年（1728）春，交趾仍向清朝廷索要今马关县马白关外纵深土地。三月，雍正帝"特沛殊恩"。九月，中越双方派员于马白汛外2里许的小河建立界碑，国土得而复失。

雍正七年（1729）正月二十九日，吏部议复：云南开化一府，接壤交趾，地方辽阔，虽设有同知、通判、经历三员，俱非印官，不能分理正务。请将通判一缺裁去，增设一县，于地方有益。

雍正八年（1730），裁通判，设文山县，按《易经》中卦意"取诸贲而得文之原，取诸大畜而知山之用"得名文山。辖区与府同，府县同城。之后，开化府增设马白同知。广西府（治所在今泸西）师宗州增设丘北州同知，衙设于今丘北县城。

雍正十年（1732），今马关县马固开采金矿，嘉庆、道光年间最盛，淘金者多达万人，至光绪年间金矿开采长达160余年。

乾隆二年（1737），广南府增置附郭宝宁县，府县同城。乾隆三十五年（1770），裁府县改设直隶厅。次年（1771），复设广南府宝宁县。

乾隆八年（1743），云贵总督张允随提请委文山知县改筑砖城，下基以石，长728丈，高18尺，周围4里1，分设4门，东曰钟秀，南曰薰阜，

二、历史沿革

西曰威远,北曰望华。城楼炮台各4,涵洞10,盘龙河三面环绕。

乾隆五十八年(1793),逢春里(今马关)壮族首领王老念联合东安里(今西畴)侬养生等人,趁开化驻军奉调罗平、丘北、贵州等地镇压少数民族起义之机,举行武装暴动,烧毁马白、山车、牛羊、天生桥等处塘房,杀死塘汛官兵。开化总兵郎阿、巡抚江蓝率兵镇压,王老念、侬养生先后阵亡。

嘉庆二十五年(1820),改马白同知为安平抚彝同知,设安平厅,与府同城,辖东安、逢春、永平三里。

道光十三年(1833),广南府世袭第24世土司侬茂先,奉调率部赴越南平乱,1835年平定叛乱后返回,清朝政府赏其顶戴花翎加四品衔。

道光二十年(1840),丘北分县改正县,隶广西州辖。

咸丰六年(1856)七月,茂克回民马尊、西山回民马经,响应回民首领杜文秀反清起义,率众围攻开化府城,百日不破。同时,丘北曰者回民赛开勋、马锡岑为首,联合壮、苗、彝民反抗官府，持续至1872年。

西畴县西洒也在这一年开始筑城，高8尺，宽5尺，设东、南、西、北四门。

咸丰十一年（1861），洪秀全领导的太平军路经广南府之茅草坪、那龙、底先等村寨入贵州。当地壮族首领黄文学受其影响，聚众2000余人围攻广南府城，与清军激战于西街石牌坊，军民伤亡数百人，民房被毁数百间。咸丰十五年（1865），黄文学降清，反清力量被分化镇压。

开化府文武官员长期不和，明争暗斗。就在咸丰十一年（1861），总兵巴哈布带领官兵占据府城西南二门，树"红旗"。知府吴春然联合城外少数民族占东、北二门，树"白旗"，"红白旗"之间相互争战月余，"红旗"胜，"白旗"败，吴春然逃离时骑牛渡盘龙河掉在河中被淹死。

同治三年（1865），太平天国部分流散士兵于中越边境游荡，清政府称为"游勇"的1200余人，被清政府收编，编为"归义""靖义""安义""前忠"四营，分驻广南各地。

同治九年（1870），弥勒回民起义军被清军包围，今丘北、文山、广南等地壮、苗、彝族人

二、历史沿革

民前往支持起义军。砚山壮族群众汇集江那造反,被府兵镇压。

同治十一年(1872)四月,"白旗军"在今麻栗坡董干地区与秦昭、雷美等的"红旗军"激战数日,尸横遍野。后双方议和停战,由街绅张大纵出钱挖坑埋尸,后人称"万人坑"。

光绪九年(1883),云贵总督岑毓英奉命领100营清军入越抗法。左路军杨发贵率兵30营由河口进老街;右路军蔡标率兵30营由麻栗坡进河阳;岑毓英亲率40营从马关进入越南抗击法国侵略军。

当年,岑毓英捐银4000两扶持宝宁县办学。

就在岑毓英率军进入越南抗法时,法军入侵麻栗坡猛硐一带,当地苗、瑶、傣等民族奋起还击,苗族头领项丛周组织各民族武装200余人,坚持与法军战斗10余年,累败法国侵略军,固守边关。光绪二十八年(1902)清政府委项丛周为"千总兼南防统带",赐予一面红缎锦旗,上书"边防如铁桶,苗中之豪杰"。

光绪十年(1884)七月,开化府组织壮族、苗族为主的"民族军"千余人,随滇军入越抗法,文山各族人民肩挑马驮,将粮饷运往前线。来回行程千里。

光绪十年至(1884)次年(1885),应越南政府请求,清政府两次派兵由马关入越南与法国侵略军交战,清军与刘永福"黑旗军"配合,在宣光、临洮大败法军。马关县各族人民出夫出粮,支持抗法战争。

光绪十一年(1885)九月,中法议和,清政府命翰林院编修兵部侍郎唐景崧、周德润为勘界大臣,率云贵总督岑毓英等5人与法国使臣浦理燮、驻越帮办狄隆等会勘中越边界。初划大略草界被非法侵占的田蓬街、苗塘子、龙潭、龙膊、沙人寨等地归还中国。

同时期,富州者桑大南山壮族青年韦明才率千余名贫苦农民起义(即大南山起义),攻占县城月余。

清政府也在这一年里在麻栗坡设都司,派兵戍守,建造都司衙门及营房,长期驻兵保卫边疆。

光绪十三年(1887)五月六日,中法签订《中法续议界务专条》,今马关县都龙南丹山等地归入中国版图,名"归仁里"。安边督带陆春,也

二、历史沿革

在这一年因在抗法战斗中功勋卓著,朝廷偿赐黄马褂。

光绪十四年(1888),广南府首家设立电报局。10月,开化府继而设立电报局。

光绪十七年(1891),广南府、开化府成立保甲局,推行保甲制,10家为甲,10甲为保,10保为团。

光绪二十一年(1895),被法国殖民地越南通过武力非法占据的猛硐山及猛硐上、中、下村归还中国。

光绪二十三年(1897)四月二十二日,安平厅境内设麻栗坡、河口两副督办署,麻栗坡与越南河阳对汛,河口与越南老街对汛。

六月十四日,临安开广道道尹刘春霖等,奉命于保胜(今老街)同法国五花官督办本义德签订《滇越界约》。不久,滇越边界竖立70块界碑的工程完工。中越边界确定且清楚、明确。

十月,滇越边界增设10个对汛,其中境内设天保、茅坪、攀枝花(今八布)、董干、田蓬5个对汛,每汛防兵30名,督办防兵100名。

光绪二十五年(1899),法国天主教传教士开始进入文山。传教士金梦旦先后在文山县的所树革和五色冲建立教堂。在冷水沟、浑水塘、姑娘寨及永丰上、下丫口、散片山、马保山等少数民族地区陆续发展教徒,入教者千余人,多为壮、汉、彝、苗等民族。

光绪二十八年（1902）三月,土富州署从皈朝迁回普厅。

光绪三十一年（1905）,设开化府邮政分局。

光绪三十二年至宣统二年（1906—1910）,滇越铁路开工建设,州境马关县西部古林箐边沿大树塘有铁路3000余米,设"416"车站。

宣统元年（1909）,今丘北县平寨、黑纳、板江等地壮族"闹皇帝",二月三日集中数千人攻打县城,被守城官兵开枪打死数十人、俘百余人,为首者被斩首示众。朱姓7岁男童"小皇帝"送省收养监内（辛亥革命后释放,送滇西安置）,"皇帝"风波平息。

宣统二年（1910）撤开化府邮政分局。次年初,设开化二等邮局。

云南宝华锑矿有限公司就在这一时期在广南府城设分支机构,开采革夺、九克锑矿,并建炉,

二、历史沿革

冶炼精锑。

宣统三年（1911）十一月五日，唐继尧派人到文山联系地方有识之士，策动开广镇第1营响应武装起义，文山总兵将来人杀害。新兵8营和9营部分官兵起义，攻打开化府和开广镇总兵署，开广总兵率部镇压，死伤100余人，人称"开化反正"。之后，安平厅同知和驻马白巡防管带竖旗归顺民国政府。十一月后广南知府通电反清，废印易服。

清朝时期，清朝政府前期继续利用土官加强对文山的统治和管控。中期之后，改土归流，改用流官治理。改土官为流官，一定程度上有利于交流和交往，但也引起了土司的不满，形成了尖锐的矛盾，由此反抗不断，影响了稳定，也影响了经济社会的发展。

清朝，人口的迁徙和往来增加。乾嘉、咸同年间，湖南、贵州的苗族起义，苗民为了躲避镇压而大量迁入文山。文山基本形成了现在的居住和分布格局，虽然不时发生水灾等自然灾害，但农业仍然有所发展，出现了许多富足的乡村和人家。三七的人工栽培也获得成功，开始大面积的人工种植。三七的种植带动了贸易的发展，三七开始销往省内外。矿业的开采和冶炼，也促进了经济的发展和商业的繁荣。

开化府的设置，文山城大约在清朝建立前后搬出了现在的旧城村而迁到盘龙河岸，平整的土地和宽广的地域，为文山城的建设和发展创造了有利条件。

（三）现代文山

1911年，辛亥革命胜利，中华民国建立，文山各府及各族民众拥护民国，改制易服。民国二年（1913），撤销府一级行政机构，原开化、广南两府所属的厅、县统归临开广道管辖，并改文山县为开化县，改宝宁县为广南县，改富州厅为富县，改安平厅为安平县。民国三年（1914），临开广道改称蒙自道。开化县恢复文山县名。麻栗坡副督办署改为麻栗坡对汛特别区督办公署，直隶云南省都督府。民国四年（1915），广南县在维摩设县佐。民国六年（1917），设置普兰行政委员会，辖原安平县所属的东安里改设普兰行政公署，隶属安平县。同年，安平县因与贵州省安平县同名，改名马关县。民国九年（1920），

二、历史沿革

将普兰行政委员会改设西畴县,县政府驻西洒;将麻栗坡县对汛督办署改为麻栗坡对汛特别区督办署,直属省政府。民国十三年(1924)改富县为富州县,河口由马关县划出设立特别行政区。

民国十六年12月(1927),中共云南特委书记王德三来到文山,召集向镇弼等共产党员传达"八七会议"精神,决定工作重点转向农村。按照党的指示,共产党员开始到文山农村中开展工作,文山地区的第一个中国共产党支部文山县洒戛竜支部于同年成立,并于次年即1928年成立了农民协会。从此,中国共产党便在文山开展了长期的革命斗争,先后组织了小塘子苗族农民游击队,在马关八寨组织了八寨农民起义。

民国十八年(1929),中国共产党领导的广西百色起义之后,部分共产党员从广西转移到富宁,在富宁七村九弄地区继续开展工作,发展党组织、动员群众、开展武装斗争、建立革命根据地。

民国二十一年(1932),将江那县佐辖区及广南县的部分辖区析出,设置砚山设治局。民国二十四年(1935),砚山设治局升为正县。民国二十六年（1937）年，改富州县为富宁县。民国三十一年（1942）4月，云南省在边远地区设置七个行政督察区，文山属第二行政督察区，设置第二区行政督察专员公署，为省政府派出机构，辖文山、西畴、马关、砚山、广南、富宁、丘北、屏边8县及麻栗坡特别区，治所在文山城。民国三十五年（1946）4月，云南省改设十三个行政督察区，文山称第四行政督察区，辖文山、西畴、马关、砚山、广南、富宁、丘北、屏边8县，麻栗坡对汛督办由省直辖。

民国三十七年（1948）6月22日，在中共广南地下党的领导下，广南县防卫队长孙太甲率队起义，配合朱家璧率领的"滇桂黔边区纵队"解放广南县城。为文山地区被解放的第一座县城。之后广南县着手筹建人民政府。10月19日，滇东南指挥部副政委岳世华率10名武工队员化装进入马关县城，在国民党省参议员、马关县教育局长刘弼卿的协助下，迫使代理县长欧阳河图缴械投诚，马关县城解放。12月2日夜，麻栗坡对汛特别区督办谢崇琦慑于武工队的威力弃城逃跑。3日，武工队进驻麻栗坡县城，镇长郝礼文投诚，

二、历史沿革

麻栗坡县城解放。6日拂晓,西畴县长杨履坤惧怕"西畴人民讨蒋自救军"攻城而弃城逃跑,彭大同率部占领县城,西畴县城解放,当年,第二区行政督察专员公署改为第四区行政督察专员兼保安司令公署。民国三十八年(1949)1月20日,边纵七支队第四、第七大队和武工队及民兵进攻砚山县城,县政警队长李德昌率部起义,砚山县城解放。2月17日,广南县人民民主政府召开成立大会,结束国民党反动统治。同月,马关、西畴县人民民主政府相继成立。3月31日,在中共地下党的配合下,边纵二支队六大队教导员马应明率300余名武装进攻丘北县城,县长彭立铨率队逃跑,丘北县城解放,广南、马列坡县人民民主政府也于同月成立。4月6日,成立丘北县人民民主政府。之后,成立文山县人民民主政府。5月1日,中共广西右江上游靖镇区工委军事部长廖华、靖镇区三区区长李兴,率靖边教导队与富宁游击队,争取富宁县常备中队长梁学政率部起义,富宁县城解放。6月1日,滇东南行政专员公署在西畴县城成立。同时,富宁县人民民主政府成立。同月,于西畴县西洒成立滇桂黔边区滇东南行政专员公署。7月,丘北县从弥泸地区划入滇东南行政专员公署。

1949年11月,西畴县人民民主政府改称西畴县人民政府。1950年1月1日,河口县人民民主政府成立,当月又改为河口市人民政府。1月7日,中国人民解放军一一四师、一五一师和滇桂黔边纵队第四支队进驻文山,滇东南行政专员公署及文山县人民政府迁入文山城内办公,接管国民党政府及所属一切机关单位,行使人民政权。

1950年1月7日,文山州全境解放。滇桂黔边区滇东南行政专员公署于3月改称文山专区专员公署。经中央人民政府政务院批准,河口市划入蒙自专区管辖。4月,成立中共砚山县委员会和砚山县人民民主政府。6月10日,经政务院批准,将马列坡县改称麻栗坡市。11月,滇东南行政专员公署根据上级指示,改称云南省人民政府文山区专员公署,辖文山、西畴、马关、麻栗坡、砚山、广南、富宁、丘北8县。1955年1月3日,经国务院批准,麻栗坡市改称麻栗坡县。

1958年4月1日,经国务院批准,成立文山

二、历史沿革

僮族苗族自治州,实行民族区域自治。9月,掀起人民公社化高潮,撤销区、乡、村行政组织,建立政社合一的人民公社。公社下辖管理区,管理区辖生产队,县以下行政区划设区、生产大队、生产队。将689个乡2580个农业生产合作社组建成89个人民公社,841个管理区6048个生产队。10月,西畴、麻栗坡两县合并称西畴县,治所西畴兴街;砚山县并入文山县,县政府设在文山。文山僮族苗族自治州下辖文山、西畴、马关、广南、富宁、丘北6县。1961年5月,调整区社体制,将89个大公社调为43个区233个中公社,辖2167个大队11507个生产队。9月,砚山、麻栗坡分别从文山、西畴分出独立为县,文山僮族苗族自治州下辖复为文山、西畴、马关、麻栗坡、砚山、广南、富宁、丘北8县。之后,州内行政区划多次调整,县以下设区,区辖公社,公社辖生产大队,生产大队辖生产队。1965年10月,经国务院批准,将文山僮族苗族自治州改为文山壮族苗族自治州。

1967年,"文化大革命"期间实行军事管制,文山驻军组成文山州军事管制委员会，州军事管制委员会取代州人民政府，各县由县军事管制委员会取代县人民政府。1968年9月29日，根据中央指示精神，州、县军事管制委员会先后改称州、县革命委员会。

1980年7月后，撤销县革命委员会，各县陆续恢复成立县人民政府。10月，根据中共中央、国务院《关于实行政社分开，建立乡政府的通知》，全州废除人民公社制度，建立区、乡、村行政机构，区设公所、乡（镇）设人民政府。区辖乡（镇），乡（镇）辖村。1987年9月，全州进行撤区建乡体制改革，将原来的114个区8个县辖镇875个区辖乡30个办事处，改设85个乡（民族乡17个）30个镇628个村公所306个办事处。2000年，进行村级体制改革，将村公所（办事处）改为村（居）民委员会。

2006年3月16日，经省人民政府批准，各县开展撤并乡镇的工作，全州共撤销12个面积比较小，人口比较少的乡。

2010年12月2日，经国务院批准，撤销文

二、历史沿革

山县,设立文山市(县级)。至此,文山壮族苗族自治州共辖文山、西畴、马关、麻栗坡、砚山、广南、富宁、丘北8县(市),下辖102个乡(镇)(其中民族乡16个)947个村民委员会(社区)15967个村民小组。

三、史海钩沉

（一）句町古国的建立

句町,这个古老的国名,始见于《汉书·地理志》和《王莽列传》。据《汉书》《后汉书》《三国志》《晋书》《宋书》《南齐书》以及《水经注》《华阳国志》等正史和方志记载:句町是春秋战国时期由部落联盟发展而成的一个古老的部族方国;汉武帝元鼎六年（公元前111年）内附大汉王朝,以其地置句町县。汉昭帝始元年间（公元前86—81年）,句町侯毋波率部助汉大破益州,因"斩首捕虏五万余级,获畜产十余万",功勋卓著,被汉昭帝封为"句町王",一时声威显赫,与古滇国、古夜郎国齐名。自此之后,句町方国正式列入中国版图,句町人也成为中华民族大家庭中的一个早期成员。随着古滇国和古夜郎国相继衰亡,句町国一枝独秀发展进入极盛时期。

句町国位于珠江腹地和红河腹地的结合部，即今云南省文山州全部、红河哈尼族彝族自治州中东部，以及玉溪市、曲靖市和广西壮族自治区百色市的一些地区和越南北部约6万平方千米的疆域，其"国都"在广南县莲城，居民主体为壮、傣先民。句町国建立时为奴隶社会，能够大量制造和广泛使用青铜工具和武器，因而农业经济发达、军事力量强大、社会文化繁荣。若从汉昭帝始元六年（前81）诏封毋波为王开始算起，句町王国一直延续到南北朝萧齐被梁取代之时（502），历时达583年。若从毋波附汉封侯时的前111年算起，则有613年。

句町国在长期形成和发展过程中，创造了丰富多彩的句町文化，无论是农业、手工业、铜制造业、冶金技术，还是建筑业，无论是经济生活、还是社会形态、宗教以及文化艺术等都取得了相当的成就，成为盛极一时的奴隶制王国。

（二）汉武帝设置牂牁郡

汉朝建立后，经过几十年的休养生息，社会经济得到了恢复和发展，国力日渐强盛起来。汉武帝时，继续开疆拓土，扩大疆域。

西汉元鼎五年（公元前112），汉武帝刘彻出兵攻下南粤后，从南粤回师西北，降服了夜郎及周围部落及部族方国。元鼎六年（公元前111），在夜郎地区设置牂牁郡，之后又分别设置了越嶲郡和沈黎郡等郡。牂牁郡辖17县，其中11县在今云南东南部，6县在今贵州西部。今广南、富宁属句町县地，西畴、麻栗坡属都梦县地，丘北属镡封县地，文山、砚山、马关属进桑县地。东汉时期，今文山州各县仍隶牂牁郡。广南、富宁属句町县地，丘北县属镡封县地，文山、砚山、马关、西畴、麻栗坡属进乘县地。

牂牁郡等郡的设立，标志着汉王朝郡县制在西南地区的确立，文山开始纳入了中央王朝的直接管辖，从此文山进入了有史记记载的历史阶段，经济社会的发展进入了又一个历史时期。

（三）侬智高起义

北宋皇祐年间，中国历史上发生了一次惊天动地的事件——壮族首领侬智高七求内附宋朝廷，与交趾抗衡，遭拒绝后，在安德州起兵反宋，占领邕州后建立南天国，自称仁惠皇帝。壮族经诗《麻仙》称其为"翁德"，意即"南方的皇帝"。

三、史海钩沉

1039年2月，侬智高的父亲在交趾遇难，侬智高与母亲躲逃到雷火峒，派人带上百两生金到交趾赎命未果。6月，侬智高赴京应试，刚上路，得知交趾王派人送父亲首级回来，他赶着回乡葬父，错失考期。8月，侬智高全家逃到特磨寨（今广南县城），其母阿侬以"兄终弟继"之俗再嫁侬夏卿。继父帮助侬智高练习骑战，鼓励他重整旗鼓，收复旧地广源州。1041年11月，侬智高与母亲、继父回到故乡雷火峒，在傥犹州（今靖西坡州）建立大历国，对抗交趾。1042年，侬智高被交趾国擒获，之后交趾国故意放侬智高回到广源州当太保，为其服役。1043年，交趾王为了收买侬智高，授其郡王印，并把思琅州和雷、火、频、婆四峒划给侬智高管辖。

侬智高身陷交趾羁绊，却心向宋朝朝廷。他积极支持母亲和继父发展以文村为中心的根据地，在索伍村的农背山建立练兵场，在娅王山筑瞭望台，日夜不息抓紧练兵。1045年，从文村到特磨、田州、百油（延众镇）、安德州的根据地已连为一片。同时，把抵御防线从左江移来右江，沿边境线设置11个防守据点：即富宁县的木腊关、天井关、旧沙关；那坡县的镇边感驮岩、百南妖王山；靖西县的安德照阳关、龙临三层山、新圩马鞍山、靖西大龙潭、坡州智高洞；大新县的下雷芭特山寨城池等，总长980里。1048年，侬智高奋起反击，一举赶走了交趾势力，收复了傥犹州和广源州。

从1045年起，侬智高让其弟侬智会等坚守南天国，他自己则到右江文村组织物资和金银、驯象等进贡邕州，请复归宋。从1045—1052年的8年间，他怀着一片赤子之心先后七次请求归附，都受到了枢密副使梁适和邕州知州陈珙拒绝，说什么"广源州本隶交趾"，不许侬智高和广源州复归宋朝。而皇帝宋仁宗昏庸，一次次听任奸臣谗言，拒绝侬智高的归服附。

1052年初，侬智高在文村娅王山召开反宋首领会议，提出"要生存，必反宋"的起义口号，他被推举为统帅。开始了有名的侬峒广源州起义。

1052年4月6日，侬智高在安德州（今靖西安德镇）率5000兵起义，先占领了龙旗之后，向田州（今田阳）进发。沿途受到民众拥护，起义军很快增至2万人。4月下旬攻破横山寨（田东），开仓济民。5月破邕州，宣布成立南天国"智高

三、史海钩沉

潜号仁惠皇帝,改年启历"。6月,侬军挺进广东,宋军到处堵击未果,侬军至封州攻半日破城,斩州官曹觐,至康州攻一日破,斩守将马贵及州官赵师旦。22日至端州,州官丁宝臣奔逃,25日挺进广州,因遇重兵阻击,进军缓慢,7月22日始围广州。宋将高士尧、武日宣、魏承宽等阻击侬智高于广州城下。侬智高围广州57日不克,不得已撤出广州,进行战略转移。8月底,侬智高挥师北上,宋军前堵后追,侬智高在清远打败宋朝大将杨畋,曹修8000兵马于英州(英德)。继上韶州(韶关),西进连州(连山)、贺州(贺县),乡民配合侬智高夜设酒宴,袭杀尾追大将蒋偕于贺州黄富场。再西进昭州,打败王正伦大将于昭州馆门驿,然后遣使入京求附。再北上恭城,进入时属湖南的灌阳和全州。9月底至10月初,侬智高至全州,得讯遣使入京已被害和皇帝已派狄青组兵南来,即挥师南返,经过兴安、宜州、桂州、柳州、宾州,10月12日回到邕州。在途中曾围歼杨文广所部于桂北,打败桂、宜、柳三州联军于柳州龙岫峒。

　　在宋军的进攻下,1053年1月18日夜,侬智高所据的归仁铺失利，侬智高将5000义兵分为左右两路退据特磨，再抗宋军。左路由其弟率领沿着左江西进，经过扶绥、崇左、大新、靖西，至安德照阳关驻扎，防守特磨南端的通道。右路则由侬智高自领，沿着右江西北向，经过隆安、平果、田东、田阳，又分两支，一支经过百色、剥隘到右江文村与阿侬、杨梅、侬夏卿会合，防守特磨东部的交通要口剥隘；另一支则经过田林、西林进入特磨腹地宝月关一带。

特磨居右江源头，山峻水急，侬智高"擅山泽之利"，提出"官有万兵，我有万山，侬险抗击"的战略战术。设置以剥隘、百油、照阳关、娅王山、宝月关、六郎城为重点的防守据点，由义军和当地群众联防，总兵力约有1万人。

1月，狄青进占邕州。2月，诏广西都监萧注追捕侬智高，又派邕州石鉴率兵攻特磨，宋军3万余人总攻特磨洞。5月，广西安抚使兼知桂州余靖安排两路进攻特磨，不克，改道田州与右江路会合总攻剥隘。8月上旬，宋军进攻娅王山，被侬军亦弩亦石反击败北。8月底宋军进攻者鹧山，被侬军排放礌石炸得粉身碎骨，多次强攻不

三、史海钩沉

克,遂放弃特磨东部战场,长驱300里至特磨西部的现今广南宝月关一带,先在宝月关以东10余里的周根高地扎营,然后进攻扼守宝月关的六郎城。六郎城是保卫宝月关的要口,仅有一路可入,居高临下,具有"一夫当关,万夫坐废"之险。但城内缺水,侬智高只安排一个小分队驻守。10月初,杨文广令"兵发六郎城",因被侬军排压,不克而去,第二次攻城亦败。第三次攻城时,侬军小分队按照侬智高的安排突围而出,让宋军进驻六郎城,侬军又拔除宋军四周的据点,反过来围困宋军于六郎城,直到援兵赶来才解围。

宋军在六郎城突围后,已人溃马乏,无能主攻,只有退守西洋,等待援兵。侬智高又调集兵力包围宋军于西洋,杨文广等就在山洞中飞书求援。侬智高听到兵士心有怨言,于是主动停战,11月底密令撤兵,退出西洋,分为三路由广南进入滇西,震撼南疆的侬智高起义告终。

(四)独特的阿雅土司城

宋皇祐元年(1049),广西侬智高起兵称王,阿雅(今马关县八寨)地区的龙海基协助镇压侬智高立下战功,宋朝廷在论功行赏时,把阿雅地区赏赐给了他,并封他为教化三部长官。从宋皇祐五年(1053)开始,龙氏土司统治这一地区,世袭了26代,达600年之久,历经宋、元、明、清四个朝代,直到清康熙六年鄂尔泰在云南实行改土归流,废除土司制度才告结束。阿雅古城是明万历四十三年阿雅土司龙上登在阿雅老城子山上(今马关县八寨镇北1.5千米)所修筑。据文献记载,龙上登(1595—1633)为龙氏第二十六代领主龙胜安之子,自幼聪颖好学,机警敏睿,忠勇有才。万历三十四年(1606)交趾(今越南)武严威举兵犯边,其父龙胜安在教化犒军。龙上登闻交趾兵至,就往高坐修建防御城墙(今八寨老城子)守御。联合王弄、安南各土司土舍抵御交兵数万,象10余头进犯,为保障边疆安宁,在阿雅(今马关县八寨镇)筑城防守。不久,交趾再次侵犯。龙上登候机出击并追击歼灭侵占河口交趾兵获胜。

阿雅城是古代从滇中内地通往交趾(今越南)的要塞,易守难攻。据文献记载,阿雅城的周遭约6000米,有几处天然的悬崖峭壁约长2500米,而人工城墙约有3500米,全部是用青石垒砌而成,

三、史海钩沉

有东、南、西、北四道城门,城内总面积约3平方千米,可容纳上万人,并有泉水可供饮用。阿雅城在明末清初的抗敌保边中曾起重要的作用。

崇祯六年(1633),明王朝在李自成农民军和清军的夹攻之下摇摇欲坠,阿迷(今红河州开远)土司万氏派遣心腹赵奴卖到阿雅来游说龙上登反叛明朝,共同攻打昆明。龙上登怒斥道:"我本汉臣,数百年受国家厚恩,恨无尺寸之功,何忍从逆,以遗万代骂名!"万氏于是怒伐阿雅,龙上登不敌,败走交趾,后不幸染病去世。阿雅城在这次战争中被夷为平地。

阿雅土司城现存前、中、后三营营盘遗址,四方城门遗址和依山势而建的城墙。残存城墙长2000余米,高度2.5—3.2米左右,厚1.2—2.5米。城墙内外均以青石垒砌,北面一段依悬崖而筑,雄伟险峻。

(五)改土归流在文山

改土归流是清朝时期清政府对以西南少数民族地区为主的地方行政制度的改革,即废除自元代以来实行的地方由本地土司和土官世袭行政长官管理地方事务的制度,由朝廷统一委任外来官员担任行政长官取代土官和土司的管理。土官改流官之后，清朝政府收缴土司官印，在西南少数民族地区设府、厅、州、县，实行和内地及汉族地区相同的政治制度，府、厅、州、县官员，由朝廷统一从外面委派有任期的官员担任。

至清朝雍正年间，清政府对西南少数民族地区实行"改土归流"的改革前，经过长期的历史发展，文山已经形成了侬氏土司、龙氏土司、沈氏土司、阿源土司、周氏土司等大小土司的代朝廷管理地方事务的世袭土官，其中，侬氏土司据广南、龙氏土司据马关八寨、沈氏土司据富宁、阿源土司据今文山市的古木、周氏土司据文山。

清康熙四年（1665）三月，王弄土酋王朔、蒙自李日森、八寨李成林、教化张长寿、枯木龙元庆，维末沈应麟、沈兆麟等滇南十八土司反清，攻打临安、蒙自、通海等地，震动全省。总督、巡抚派兵分剿，七月，大部分土司被吴三桂擒而诛之。清政府借此改土归流，土司地尽归开化府，设流官治理。

清康熙六年（1667），实行改土归流，把教化、安南、王弄三长官司辖地并置开化府。首任知府刘诉。开化府辖八里：教化司为开化里，安南司为安南里，八寨司为永平里，王弄司为王弄里，牛羊司为东安里，枯木司为逢春里，维摩州为江那里，乐龙、新现为乐龙里。仍由土司后裔催征钱粮缴纳官府。

清康熙二十二年（1683）五月，在三板桥（今文山市秉烈乡三板桥）设土经司，由周应龙氏世袭土经司土司职，至民国三年（1914）息职。广南府土同知一直由侬氏土司袭任，至民国二年（1913）撤销土司职，民国三十七年告终。富州沈氏土官延至光绪二十七年（1901）改土归流方辞位。查文山地区土司土目20余，较大强者有龙氏、侬氏、沈氏。龙氏自宋龙海基始至清龙祚长止，传27代612年；侬氏自宋侬夏卿始至民国侬鼎和止，传24代29任673年；沈氏自宋沈达始至清末沈定坤止，传24代28任625年。

（六）项丛周抗法

项丛周，又称项四，苗名"年四·项"。清咸丰六年（1856）出生于西畴县锅底塘村的一个穷苦农民家庭，后迁至今麻栗坡县猛硐乡野猪塘村。自幼喜欢舞拳弄棒，十五六岁时，成长为英姿挺拔的汉子，并练就了一身好武功。

清光绪九年（1883），法国侵略军占领安南（今越南），战火烧到中国家门口。次年8月26日，清政府向法国宣战，中法战争开始。

清光绪九年（1883），法国殖民军派人暗杀了猛硐地区具有坚定爱国思想的坚决抵抗法国殖民军入侵、在苗族及其他民族中有着极高威望的苗族上层人士熊天主、马鬃头后，大肆入侵中国边境地区。顷刻间，猛硐边境一线国土沦陷，民众蒙受凌辱。项丛周对法国殖民主义者强行霸占中国领土，在边境地区血洗村寨、烧杀抢掠，奴役各族人民的暴行愤慨万分，他精挑细选，组织了一支20多人的精悍苗族武装，凭借熟悉的地形优势，三人一伙，五人一组，用大刀、毒弩、火铳等古老武器巧妙地伏击法军。

项丛周所领导的抗法武装灵活机动地避开同法军的正面接触，白天在猛硐周围的山路边伏击法军的散兵游勇，使侵入猛硐地区的法军昼夜不敢单独出外行动；夜晚，他们利用夜色作掩护，采取苗族狩猎的办法，把弓弩、陷阱、竹签、连环甩杆和三步跳（即见血封喉）等土制兵器，安放到法军兵营周围和过往的通道上杀伤法军,法军为此吃尽了苦头,吃不好饭,睡不着觉,苦苦熬了数日,伤亡重大,恐惧万分,便狼狈逃离猛硐,跑回河阳(今越南河江市)。

不甘心失败的法军一番喘息后,又开来大队人马,悄无声息地再次向猛硐地区扑来,企图偷袭项丛周部。项丛周获悉情报后,在河阳通往猛硐的必经之地马跌坎设下伏兵,布好连环甩杆、滚木石、毒弩等武器伏击法军。马跌坎位于老山山腰,通道上方是如刀削一般的石峰,下方为万丈深渊,地势极为险要。法军到达马跌坎的时候,突然被从原始密林里飞出的毒箭,滚下的木石,甩出的连环甩杆等袭击,打得法军官兵哭爹叫娘,死伤无数。法军无法向前开进,只好龟缩回船头地区曼文一带村寨休整。

恼羞成怒的法军,见无法突破马跌坎天险,便改变进攻方向,从老山侧后取道越南老寨直扑扣林山,妄图踏平野猪塘,缉拿项崇周。然而,法军万万没想到,他们行军到扣林村时,被在那里打猎的项丛周胞弟项丛茂等人发现。项丛茂无声无息移动身子向法军靠近,用手里的明火枪瞄准一名穿着白色军装、头戴高筒军帽的法国兵开枪射击，法国兵惨叫一声倒地。枪响处冒出一股青烟，目标暴露，法军惊慌失措朝冒青烟的地方开火，数十支枪乒乒乓乓响起来，项丛茂中弹身亡。与项丛茂一同打猎的一名黄姓青年从另外一个方向开枪后迅速撤离，法军又集中火力朝枪响方向射击。

　　法军搞不清楚项丛周有多少人枪，害怕中项丛周的埋伏，不敢搜山，慌忙抬着那名法军的尸体，向猛硐逃去。黄姓青年观察法军远去，潜回项丛茂战死的地方，用树叶掩盖好项丛茂的尸体，借着浓雾的掩护，悄然离开扣林山，火速赶往野猪塘向项丛周报告法军开进猛硐的情况。

　　项丛周接报后迅速派人前往扣林山抬回项丛茂的遗体，又派出密探到猛硐了解法军动向。夜里，天黑得伸手不见五指，项丛周带着族人兄弟十几个人，背着磨得雪亮的大刀向猛硐火速前进，凭借地形熟悉，神不知鬼不觉地包围了法军宿营地。法军睡得迷迷糊糊，哨兵也抱着枪睡着了。项丛周看着眼前睡得不省人事的法国兵，对着早已按捺不住怒火的弟兄们悄声下达了战斗令。眨眼的

三、史海钩沉

工夫,锋利的大刀砍向睡梦中的法军官兵,有的哼都没来得及哼一声就去见上帝了。一些被惊醒了的法军官兵惊叫着四处乱窜,借着黑夜拼死夺路仓皇向瓦厂阳坡方向逃窜。项丛周组织力量追击,追到上下新寨、上下阳坡等村寨时,天已亮明。项丛周身先士卒冲杀在前,越战越勇,越追越猛,赶来增援的当地壮族、傣族群众也越来越多,沿途围追堵截,杀死不少法军官兵。项丛周率领队伍拼死追击,一直将法军赶进越南黄树皮地区董棕山一带才停止。

清光绪十年(1884)8月,驻河阳的法军六圈官经过精心策划,亲自率领法军、越南仆从军300余人再次窜入猛硐攻打项丛周部。项丛周接到情报后,把野猪塘的老幼、妇孺疏散到原始森林中躲藏,组织队伍对付法军。

法军潜入野猪塘,看到寨里空无一人,便向深山老林里搜查项丛周及村民的踪迹。法军大队人马忙碌一阵没有见到人影。天黑下来,法军队伍驻扎山里宿营。项丛周组织手下人找来山上的干草绳,用刀背捶碎后搓成一股股草火绳,然后把草火绳砍成5寸长扎成数把,摸到距离法军宿营地不远的大山周围点燃,这里一股那里一股,火苗随风闪烁。项丛周指挥队伍用明火枪向法军射击,边打边喊,遥相呼应。法军官兵听到枪声在四周响起,吓得不知所措,误认为被项丛周的队伍包围,乱作一团,像群无头苍蝇一样摸黑寻找逃路。法军官兵边开枪边逃跑,由于地形不熟,窜进了一个叫冲水岩的悬崖。悬崖上林密草深石头多,又是黑夜分不清东西南北,项丛周的抗法队伍寻声追击,边打边喊,法军官兵弃枪窜逃,在黑夜中跌下悬崖。

激战一夜,枪声停息下来,活命的法军一部分败走越南,一部分四散逃入密林躲藏。那些跌倒的,横一个竖一个,有挂在半岩上的,有跌入深渊的,没有被摔死的哀号不停。法国军队入侵中国占领猛硐的阴谋又一次以失败告终。

清光绪二十一年(1895),中法签订《中法界务专条》,确定了互换条约,正式确定猛硐地区的归属,由于项丛周长期带领苗族、瑶族等各族人民坚持抗击法国侵略者,东起富宁田蓬、西到马关县和红河州河口县,长近500千米约1000平方千米的地区没有被法国占领,捍卫了中国领

三、史海钩沉

土的完整。因为抗法有功,清政府委任他为南防统带,管辖麻栗坡、马关、河口3个边境地区的防务,养兵千余人,年饷银3600两,并把猛硐一带长约60千米、宽约15千米范围内的55个村寨土地赐给项丛周作世袭衣禄之地。清光绪二十八年(1902),清政府赐给项丛周一面长6尺、宽2尺的红缎锦旗,上书"边防如铁桶,苗中之豪杰",上款"赐给项丛周永镇边疆",下款"大清光绪二十八年"。

项丛周镇守猛硐后,法国人视为眼中钉,在武装进攻、威胁利诱均未得逞的情况下,贿赂老寨人王鼎魁诬告项丛周在猛硐自立为王,盖有铁瓦铜柱宫殿,儿子称太子,招兵买马,有反清迹象。清政府责令云贵总督克日剿灭项丛周。当清军开到开化(今文山),前军密探回报,项家称王造反并无此事,清政府又派人前去调查,结果"项丛周坚持抗法多年,对朝廷忠心耿耿,并无二心,他家住的是竹瓦茅屋,吃的是苞谷杂粮",清政府才放心,称项丛周是"南天之锁钥"。

民国三年(1914),项丛周病故,政府给予优厚抚恤,以示对项丛周抗法的追念。其边防团

· 73 ·

练营世袭统带,由其子项国恩继位。

(七)富州烽火

1929年12月11日,邓小平、张云逸在广西领导百色起义,成立了中国工农红军第七军,建立右江革命根据地。

1930年冬,红七军主力北上江西与中央红军会师,留下来坚持斗争的韦拔群、陈洪涛、黄松坚等重新组建红二十一师(后改称右江独立师),师长韦拔群、政委陈洪涛、副师长黄松坚,继续坚持右江革命根据地的斗争。从1931年春到1932年底,在桂系军阀三次疯狂围剿下,右江苏维埃政府(1931年8月改为革命委员会)及其下属组织遭到严重打击。1932年秋冬,韦拔群、陈洪涛在敌人的第三次进剿中先后牺牲,右江革命根据地基本丧失。

1931年11月,富宁籍红军战士刘家华带领第一批红七军干部战士进入富宁七村九弄后,右江党组织先后派出数批红军小分队进入了富宁县的剥隘、归朝、者桑、洞波、花甲以及桂滇边、中越边地区的广大农村。他们走村串寨,访贫问苦,结兄弟,交朋友,打老同,盟绿林,歃血酒,盟

三、史海钩沉

誓言：为理为义，生死相顾。

遍布富宁的"兄弟会""劳农会"蓬勃兴起，到 1933 年 6 月，仅九弄地区就组织有 600 余人的武装。1934 年 7 月，右江下游党委书记、右江独立师（原红七军二十一师）副师长黄松坚（何尚之）率领黄德胜等一批干部和 2 个班的武装进入七村九弄地区。

黄松坚到达七村九弄地区的谷桃村后，将红军游击队暂时分散为小股武装开展活动，从中抽出主要骨干深入周围 20 余个村寨，宣传、组织、发动群众，建立和巩固劳农会和赤卫队组织。经过不懈的工作，七村九弄的群众发动起来了，黄松坚对形势进行了全面分析后，觉得时机已经成熟，决定举行暴动，红军游击队公开打出旗号，镇压了一批罪大恶极的土豪劣绅，并将他们的财产分给贫苦农民。1934 年 11 月，黄松坚先后在九弄的多立、谷留主持召开了边区第一次党员代表会暨边区劳农会、赤卫队大会，成立了以黄松坚为书记的中共滇黔桂边区临时委员会，领导整个滇桂边区、右江上下游、黔桂边区的革命斗争，成立了以黄庆金为主席的滇黔桂边区革命委员会、以黄松坚为主席的滇黔桂边区劳农会,同时还将在滇桂边区活动的红军游击队整编为滇黔桂边区劳农游击队第三联队,梁正标任司令员,黄松坚任政委,第三联队下辖5个大队。滇黔桂边区党、政、军等组织的建立标志着滇黔桂边区革命根据地正式形成。

1935年1月,黄松坚率第三联队主力于恒村将进犯根据地的国民党广富独立营击溃,乘胜占领了归朝镇,利用街天召开群众大会。黄松坚等在会上讲话,宣传红军的政治主张,号召劳苦大众起来打倒军阀、打倒列强,推翻国民党统治,告知贫苦农民劳农会是自己的组织、劳农游击队是自己的队伍。会后红军游击队和赤卫队两千余人编为手枪队、长枪队、马刀队、梭镖队等,沿街示威游行,高呼革命口号、张贴布告和标语、散发传单等等。南宁国民党《民国日报》惊呼:"各乡土民有受其愚惑、被其胁从,匪徒于九陇、弄所、百油、板仑遍设劳农会,遍贴抄袭共产党标语,在归朝则设苏维埃政府……何匪尚之即凤山著名匪首黄义清(黄松坚)之改名,任第三联队政治委员。"

三、史海钩沉

1935年5月,黄松坚奉上级指示去上海向上海中央局汇报工作,红军游击队根据黄松坚的布置,争取了广南黑支果一带的王开洪、王咪章苗族农民武装暴动,将这支苗民武装整编为劳农游击队第三联队独立大队。之后独立大队与红军游击队一部并肩作战,攻城夺地,一直打到了中越边境的田蓬地区,击毙了前来围剿的敌副总指挥龙云中。

1935年10月,原红二十一师六十二团政委兼政治部主任滕静夫(何尚刚)受党组织的委派率一批干部到达滇黔桂中心根据地,继黄松坚之后领导滇黔桂边区的革命斗争。滕静夫决定将领导机关迁往富宁县阿用的者兰一带,以利于新区的斗争。1936年5月,滕静夫在者兰汀水主持召开了边区第二次党员代表会,正式成立了以滕静夫为书记的中共滇黔桂边区委员会,将边区革命委员会与边区劳农会合并仍称劳农会,滕静夫任主席,将劳农游击队第三联队整编为滇黔桂边区革命游击队,黄德胜任司令员,滕静夫任政委,革命游击队下辖6个大队2000余人。滇黔桂边区革命根据地以富宁为中心,红军游击队和党的活动遍及3省边区的28个县。从1935年到1937年2月，仅中心根据地的富宁地区在与敌人的围剿与反围剿的殊死斗争中共进行了大小战斗50余次，其中较大的战斗有恒村追歼战、弄迫伏击战、田蓬游击战、夜袭剥隘、谷沙歼灭战、那泼追歼战等等，共歼敌3000余人，红军游击队副参谋长蒙运廷、政治部副主任黄沙平、二大队大队长唐秀山、赤卫队大队长黄大良等300余名优秀儿女为革命献出了生命。

以富宁为中心的滇黔桂边区革命根据地，是土地革命战争中后期、红七军主力北上江西，右江革命根据地丧失后，中国共产党在云南、贵州、广西3省区交界和中越边境地区创建的一块较大的革命根据地，也是南方坚持三年游击战争的重要根据地之一，是云南少数民族聚居区建立的第一块红色革命根据地。边区红军游击队是邓小平、张云逸领导的百色起义后建立的红七军播下的革命火种，在远离中央的边疆多民族聚居区发展壮大起来的革命武装。

滇黔桂边区革命根据地虽然在国民党的"围剿"中丧失了，但它与当时南方各省的游击区一样，是中国共产党在边疆少数民族地区建立红色革命政权的伟大实践,也是实施武装反抗国民党政府统治的有益尝试,为以后党在边疆少数民族地区进行革命和建设提供了宝贵经验。

(八)洒戛竜的星星之火

1927年初,为加强中共云南地方组织的力量,中共广东区委派中共党员、黄埔军校政治教官王德三及10余名广州国民革命军第三军政治训练班学员,于2月先后回到昆明。按照中共广东区委的指示,开始着手扩大充实组织的工作。3月1日,在中共云南特支的基础上,成立了中共云南特别委员会,特委书记王德三。特委成立后,于同月帮助国民党左派建立了中国国民党云南临时省党部。为了发展壮大中共云南党的组织,推动群众革命斗争,省特委派出党员、团员到全省各地,以帮助建立各级国民党左派党部的形式开展军运、农运工作。中国共产党于1927年3月先后派党员进入文山地区开展工作。

1927年3月,在文山县洒戛竜小学任教的李国栋回老家蒙自探亲时,经蒙自地下党负责人杜涛介绍加入中国共产党。又受党组织派遣继续回到洒戛竜以教书为掩护，以学校为依托，开展革命活动，李国栋因此成为进入文山地区从事党的工作的第一位共产党人。

洒戛竜位于文山市西北部，与滇南重镇蒙自相接，是一个多民族聚居区，其中少数民族人口占70%以上。地方军阀王汝为所属肖天明部在洒戛竜驻防。

1927年8月1日，中国共产党在南昌举行武装起义，开始了中国共产党独立领导革命武装斗争的新阶段。消息传到云南，中共云南省特委立即采取措施，派出中共党员向镇弼、李国定、严英俊到文山地区开展兵运、农运工作。11月，省特委又将杨立人（杨大经）、颜亨璧派到文山与向镇弼、严英俊共同开展工作。李国定在此之前脱离文山地方军阀王世珍所部，受组织派遣到个旧矿区当砂丁，从事工运工作。向镇弼、严英俊仍坚持在文山县城从事地下工作。

1927年11月底，中共云南地方党组织接到中共中央"八七会议"指示精神。12月8日至9日，中共云南省特委在昆明召开扩大会议，讨论形成贯彻执行"八七会议"文件和中央有关指示精神

三、史海钩沉

的决议,即实行土地革命和武装反抗国民党反动派的总方针,会议选举产生了第一届中共云南临时省委,王德三任书记。

1927年12月中旬,省临委书记王德三到文山召集在文山活动的地下党员开会,传达"八七会议"精神,决定向镇弼、严英俊继续留在文山县城做王汝为部的兵运工作,杨立人、颜亨璧到洒戛竜协助李国栋开展农运、学运工作。按照会议布置,向镇弼会后建议王汝为派宣传员到其驻洒戛竜的部属肖天明部开展工作,王汝为表示同意,并亲自写了公函,请杨立人、颜亨璧到肖部,以宣传员身份从事革命活动。杨、颜即持王汝为的公函来到洒戛竜,找到肖天明,肖即安排他们到军士队里去讲课,宣传新思想,通报全国革命形势,教唱进步歌曲,号召工农商学兵联合起来,反对帝国主义、反对军阀。还聘请肖天明部大队长陈晓波担任洒戛竜小学劳动童子团名誉团长,从而取得了肖天明部的支持,为地下党在洒戛竜开展革命活动创造了有利条件。

在洒戛竜小学教书的李国栋白天教书,晚上由学生带路,到洒戛竜周围的乐西、大龙、乐龙等少数民族村寨,以家访的形式找少数民族群众谈心、拉家常,掌握民族风俗,发现农民积极分子,与各族群众建立友谊。1927年下半年,李国栋在学校建立了全体学生参加的洒戛竜劳动童子团,以高年级学生陈秉良、羊鸣皋为劳动童子团的主要领导骨干,对学生进行革命教育,以筹集经费为由,奔走于地方绅士、社会名流之间争取同情和资助。通过这些活动,建立了学校、教师与群众的联系,为在洒戛竜地区建立发展党的组织、创建工作据点打下了基础。

不久,文山县城的党员杨立人与颜亨璧转移到洒戛竜,工作局面在洒戛竜农民和学生中打开后,中共云南省临委及迤南区委为加强文山农村的工作,于1927年12月下旬派严英武及姓周的党员带着《共产党宣言》《工农识字课本》等宣传书刊秘密来到洒戛竜,召集在洒戛竜的党员李国栋、杨立人、颜亨璧开会,传达中共"八七会议"和省特委扩大会议精神,根据省临委"个旧、临安、开化……各县暂组织支部,待发展后,各组织县委"的指示,成立中共洒戛竜支部,严英武任支部书记。中共洒戛竜支部是文山地区第一个党组织。

三、史海钩沉

洒戛竜党支部成立后,李国栋征得校长段嘉言的同意在洒戛竜小学校内开办农民夜校,培养农运骨干。农民夜校以《工农识字课本》为教材,上课的共产党员在教农民识字的同时,还向参加夜校学习的农民灌输革命道理,教唱进步歌曲。刚开始报名参加夜校学习的只有10余人,后发展到100多人。洒戛竜山间地头,常常听到"起来,饥寒交迫的奴隶……""走上前,走呵!曙光在前,打倒地主杀豪绅,努力土地革命,齐暴动"的歌声。报名参加农会的人也越来越多。1928年1月23日(正月初一),党支部在洒戛竜下寨打谷场召开了洒戛竜农民协会成立大会,农会会员扛着鲜红的会旗,手持梭镖、大刀,肩背毛瑟枪、铜炮枪,威风凛凛地走进会场,"打倒军阀"的歌声此起彼伏。农会会员一致推选段嘉言为农会主席,朱应奎、张光华、饶开甲、白应章为委员。会后,农会会员高呼"打倒帝国主义""打倒军阀"等口号到街上游行,晚上还举行晚会,自编自演节目,庆祝农会成立。

洒戛竜农会成立后,党支部组织带领会员们开展有理有据的斗争。在洒戛竜地区,农民除了遭受地主恶霸的盘剥外，走马灯似的各种驻军层层摊派军饷，农民的负担更加沉重。1928年2月，王汝为带随从到洒戛竜视察防务，洒戛竜党支部得到消息后，组织学生、农会会员举着校旗、农会会旗夹道欢迎，得到了王汝为的赞许。李国栋、杨立人带领农会代表趁机向王汝为反映军粮负担沉重的情况，并提出三条要求：一是派军粮要有限度，按大户多出，小户少出的原则办，不能随便增加；二是管军粮的人账目要公开；三是市场上收税要按政府规定，不该收的不能乱收。王汝为表示同意，指示肖天明，以后派军粮要经过师部批准，没有批准的不能乱收，按大户多出、小户少出的原则征收军粮，税款按规定收取，如若乱收，一经查出交师部处理。此后，肖天明基本按王汝为的指示办理，军粮账目作了公示，规定了军粮征收标准。这样，在一定程度上减轻了农民的负担，合法斗争取得了初步胜利，鼓舞了农会会员和农民的斗争热情。党支部还先后派朱应奎、陈秉良、羊鸣皋到当时农民运动的中心蒙自小东山查泥皮去学习。

洒戛竜党支部成立后加强了对劳动童子团的

三、史海钩沉

领导,对童子团进行爱国家、勤奋学习的教育,组织他们帮助贫苦农民干活。教唱《少年先锋队歌》等革命歌曲,还将革命道理编成通俗易懂的顺口溜、小故事讲给学生听,编成歌曲教学生唱,经过学生的口在洒戛竜农村的贫苦农民中广泛传诵。支部党员还在学生中宣传破除封建思想,动员女子放小脚、上学读书、剪辫子,自编自演一些文艺节目,街天为群众演出。在高年级学生中成立学生会,组织学生参加有益的社会活动。一系列的活动中涌现了一批学生骨干,他们帮助党支部传递信件、散发传单、张贴标语,为党员带路深入到贫苦农民家去宣传。"九·一八"事变后,各地掀起抗日热潮,抵制日货,李国栋又在洒戛竜小学组织了"抗日救国会",带领学生上街宣传,揭露日本帝国主义侵略中国的罪行,发动农民抵制日货,到路口设卡,搜查贩运日货的商贾,发现日货,立即没收烧毁等等,这些活动,激发了学生的爱国热情,团结教育了广大群众。

1928年1月,国民党政府发布清党密令,通缉中共党员和国民党左派人士,在昆明大肆搜捕共产党员和革命人士。从文山回昆明的严英俊及一批在昆从事地下活动的党员被捕，昆明地区工会、农会、学联、妇女协会几乎全部停止活动，在滇南及文山活动的部分党员受到通缉，全省笼罩在白色恐怖之中。3月，省临委委员、滇南区委书记李鑫到文山检查工作，根据形势变化，决定抽调部分党员离开文山，文山党组织的关系由蒙自县委领导。洒戛竜支部只留下李国栋坚持工作，杨立人作联络员，其余党员均撤离文山。李鑫还布置文山的任务，应迅速扩大据点，建立武装，配合蒙自方面的活动。为此，党组织确定选择文山和蒙自交界的小塘子，作为衔接文山与蒙自之间的工作据点。在王德三等一批省委领导被捕就义后，洒戛竜和小塘子的革命活动被迫中断。

（九）八寨起义

八寨起义，是共产党在滇东南领导的最早的农民起义。马关县八寨镇，这个几百年的历史古镇，人民勤劳善良，安居乐业，生活闲适。可在国民党统治期间，八寨地区的社会矛盾尖锐突出，地主恶霸势力顽固，残酷的政治压迫和经济剥削，使这里的各族人民长期处于水深火热之中。1927年蒋介石背叛革命，中国革命进入低潮。中共提

三、史海钩沉

出了组织工农暴动的主张,与蒋介石疯狂镇压革命针锋相对。就在这个特殊时期,1928年3月,李国定被中共云南省临委委以重任,回家乡八寨开展农村革命运动,发动广大群众兴起反抗斗争。1928年8月,中共迤南区委在阿迷(今开远)召开扩大会议,讨论迤南地区的工运、农运、学运、军运等问题,特别强调了武装斗争的重要性。李国定参会后返回八寨,为举行武装起义作准备。在李国定的领导下,八寨农民运动蓬勃兴起,当地土豪恶霸惶恐不安,他们为维护自身利益,联名向国民党政府密报,要求派兵镇压农民运动。

1929年11月,国民党省政府急派驻文山、西畴、马关三县联合团团长曹仁恭带兵进驻八寨。曹仁恭借机发布政令,增加税捐,大肆搜刮民财,并挨家挨户收缴民间枪支,激起各族群众的不满。李国定抓住这一有利时机,发动群众"抗捐、抗税、抗提枪",部分中小地主为维护自己的利益,也积极拥护,八寨农民运动进入高潮。李国定及时将这一情况向省临委做了汇报,省临委认为八寨的农民运动已有发展成为武装斗争的趋势,因此,指派省临委委员、蒙自中心县委书记吴少默到八寨,与李国定一道领导武装斗争。

八寨农民运动的蓬勃发展,使曹仁恭心惊胆战,不敢派人到村寨收款提枪,带着人马逃回文山请求援兵。八寨斗争取得初步胜利。

1930年2月,曹仁恭又从文山纠集百余人的反动武装驻扎在大栗树的腻科街,并与当地恶霸肖保珩密谋,准备向八寨反扑,镇压农民运动。八寨党支部得到这一情报后,及时研究,商量对策,决定提前举行武装暴动,在曹仁恭未进入八寨之前,将其消灭在腻科街。

2月11日晚8时许,李国定等在老落田村边石旮旯响水旁召开有各村农民代表和附近村寨积极分子参加的紧急动员大会,部署起义行动。会后,参加会议人员及时赶回各村调集人员,组成了1000多人的武装队伍,连夜向腻科街进发,并迅速占领了腻科街以西的马鞍山高地。12日拂晓,随着指挥命令的下达,起义枪声打响,一瞬间,枪声和"反对收租,反对苛捐杂税""活捉曹仁恭,不杀曹兄弟"的喊声震动山谷,起义队伍手持火药枪、长矛、大刀、斧头、木棒从马鞍山顶向腻科街发起进攻,起义队伍浩大的声势,吓得

三、史海钩沉

曹仁恭不敢还击,据守在地主聂世珍家不敢出来。正当起义队伍逼近曹部驻地,准备捉拿曹仁恭时,肖保珩的恶霸武装数百家丁赶到。曹仁恭见其援兵赶到,便率部冲出据点,疯狂地向起义队伍反扑,起义队伍突然遭到内外夹击,队伍被冲散。起义队伍虽然人数众多,但缺乏战斗经验,而且武器只有少量的火药枪、毛瑟枪,大都是长矛大刀,由于敌强我弱,激战到中午11点多,起义队伍中的小地主武装溃退时突然倒戈,动摇了全线阵脚。李国定和吴少默率领的一部分起义队伍还未到达约定的撤退地点,未与其他队伍取得联系时,因叛徒出卖,遭到100多匪徒围追堵截,在撤退中虽浴血奋战,英勇还击,但终因寡不敌众,农民武装起义失败。

吴少默在后来的回忆中说,农民武装起义的失败,主要是没有依靠贫农组成核心力量,发展过快,地区过宽,而支部的力量弱,不能起核心作用,使地主富农在其中起了较大的支配作用。他们摇身一变,成了曹仁恭的爪牙。

八寨农民武装暴动虽然失败了,但它打响了马关农民武装革命的第一枪,有力地打击了国民党和当地反动统治势力,震撼了整个滇东南地区。八寨农民起义在滇东南革命斗争史上具有里程碑意义。

(十)文山全民支援抗日战争

1931年9月18日,日本法西斯为了实现其称霸世界的美梦,悍然发动了侵华战争,将战争的灾难强加给了中国人民。长达14年的抗日战争爆发。地处西南边疆的文山人民,和全国人民一样,始终把抗击日本侵略者作为首要任务,以超强的毅力和重大的牺牲支援了全国抗战,为国家和民族做出了应有的贡献。

文山籍爱国官兵,忠勇善战,无论在国民党的中央军系列,还是在地方军战斗系列,文山籍官军兵都是不怕牺牲,英勇善战,奋勇杀敌。在台儿庄、长沙、昆仑关、武汉、缅甸等战场,文山袍泽,奋勇杀敌,涌现出了谭锟、朱天宝、刘北海、刘正云、侯明生等抗日英雄。抗日战争,文山籍先后有1090名官兵阵亡。

抗战期间,文山、砚山、西畴、马关、富宁、广南、丘北和麻栗坡特别区人均承担的责任数倍于省内外的一些地区,征工、征物和征购,成了

三、史海钩沉

文山人民当时的生活主线。文山各县相继成立抗敌后援会等抗日组织，负责筹组兵源物资，支援抗战。各县（区）人民在抗敌后援会的组织下，纷纷慷慨解囊，为前方将士捐钱捐物。各县中学、老师学生自发走向街头，向社会各界劝募寒衣，并得到民众的积极响应。

麻栗坡对汛特别区各界抗敌后援会在发出《为劝募救国公债告全区民众书》后，短短几天内就劝募到国币1万元。龙路中心校举行"抗日救亡体育运动会"，将募捐的法银2500元国币48万元寄往"东北抗日联军办事处"。

文山市在1943年各界"七·七"献金活动中就收到国币共计256419.52元。

文山地区各县出动民工、民夫参加国防施工，不仅承担兵役、军供的重担，还承担了沉重的夫役。文山、砚山、广南、西畴、马关、富宁、丘北和麻栗坡对汛特别区各族群众对抗日战争所承担的各种任务，从抗战开始至结束，一直没有停止过支前。1937年，滇黔绥靖公署奏准航空委员会在广南县城东门外修建飞机场，调集广南、富宁、砚山、西畴4县民工修建机场，仅广南县的第一区至七区就各派出民工8400余人,丘北县派出民工600人。在没有任何现代机械设备的情况下,建成了长1100米、宽500米、跑道长1000米、飞机掩体6个的军用机场。机场竣工时,先后用工近130余万个。

1940年2月至1941年6月,日军先后派出66架飞机轰炸文山、西畴、马关、广南、富宁县城及马关都竜街,炸死194人、炸伤109人,毁坏房屋570余间。为加强滇东南防线,滇黔绥靖公署调集部队到马关、麻栗坡边境一线构筑工事,并征调民工民夫配合修筑工事、破坏道路桥梁。马关县迅速出动民工民夫5000余人参与抢修昆(明)河(口)公路,保证了交通线的畅通。同年,修筑滇桂公路开(远)文(山)段时,文山县组织大批民工协助开远县完成了开远县境35千米的土方工程。1945年7月,中国远征军第二师于麻栗坡修建小型飞机场,每日用工240名,约半月完成,用工3600个,所需经费、民工全部由麻栗坡特别区所属的3乡6对汛负担。

文山地区在征粮支前方面,也做出了较大的贡献。文山7县1区每年所承担的军粮数约为

1000万公斤。从1942年至1945年间,共提供军需大米近4000万公斤,人均约68.5公斤。

(十一)王有德

王有德,字叔邻(又作茹苓),是最早的马克思主义传播者之一。1897年生于云南省砚山县平远镇田心村红果树自然村。自幼在村里读小学,分别在开远和昆明读初中和高中。之后,他离开云南,前往北京、广州、上海等地,积极主动投身革命,为中华民族的解放事业,为了共产主义的远大目标,为了践行中国共产党的誓言,不竭奋斗,献出了35岁年轻而宝贵的生命。

1918年至1923年,王有德就读于国立北京大学德语系和国文系,在此期间,他结识了李大钊、陈独秀、蔡元培、鲁迅、罗章龙等当时国内外著名的政治与文化界人物,并深受其影响,进而立志革命。1919年夏初,他积极参加反帝、反封建的震惊中外的"五四"运动,并在"痛打章宗祥,火烧赵家楼"的行动中有突出表现。1920年3月,王有德参加了最早系统地研究和宣传马克思主义的革命团体之一——北京大学马克思学说研究会,成为该研究会发起人之一。1920年9月,王有德加入了"中国社会主义青年团"。1921年初,邓中夏、王有德等7人组成"五一"运动委员会,组织领导1000多名长辛店铁路工人举行了中国工人阶级第一个纪念五一国际劳动节大会。喊出了"劳工万岁!""共产党万岁!"等口号,正式成立"长辛店工人俱乐部",使中国工人阶级第一次有了自己的工会组织。

1921年夏,参与翻译了《共产党宣言》等马克思、恩格斯的著作。1922年,由北京大学马克思主义研究会罗章龙介绍,王有德光荣地加入了中国共产党,成为无产阶级的先锋战士。并出席了青年团全国第一次代表大会,成为中国最早的青年团员之一。

1921—1926年,王有德一边读书,一边在党的领导下,前往北京丰台地区秘密开展工人运动的同时,还担任由共产党领导的《工人周刊》的编辑工作。《工人周刊》是大革命时期持续最久的党刊之一,王有德为该刊撰写了大量稿件,为在工人中传播马克思主义学说和进步思想做出了突出贡献。1926年以后,王有德从北京南下广州,与云南同乡曾泽生、刘杰生等人一起,投笔从戎,

三、史海钩沉

进入黄埔军校。1927年底,王有德毕业于黄埔军校高级班,后由李一平先生介绍到国民革命军第11军陈铭枢部当了营长。从此,他随部队转战数省,经枪林弹雨,闯炮火硝烟。

1928年初春,王有德参加了由毛泽东发起并亲自领导和指挥的秋收起义,参加了在长沙抗击反动军阀的惨烈战斗,又参加江汉大平原等地与反动军阀展开的一次又一次的战斗,并因战功卓著而在第19路军从营长升为副团长、团长等职。

1932年1月,上海"一·二八"事件爆发,王有德临危受命,亲率队伍,英勇顽强地与日军展开了殊死战斗。淞沪之战后,队伍奉命撤至京沪铁路线上休整并养伤。王有德因为此前连续月余在与日军浴血奋战中耗尽心力,过度辛劳,终因医治无效,英年早逝,时年35岁。

(十二) 楚图南

楚图南,云南文山市人,曾用名楚曾、笔名高寒等,著名外交家、教育家、翻译家和社会活动家,曾任暨南大学、云南大学、上海法学院教授。新中国成立后历任北京师范大学教授、西南文教委员会主任、对外文化协会会长、中国民主同盟中央委员会副主席、民盟中央代主席、名誉主席；全国人大常委会副委员长等职。1994年4月11日逝世，享年95岁。

1899年8月18日，楚图南降生于文山县城上条街的一间老屋里。他6岁丧母，14岁离开文山，辗转到昆明。15岁时，考入昆明私立联合中学。

1919年，以优异的成绩考入了北京高等师范学校。在校期间，楚图南就在校办的《史地丛刊》《教育新刊》等刊物上发表文章，内容涉及了美学、心理学、教育学、民族学等。当时正值"五·四"运动时期，楚图南有机会读到李大钊、陈独秀、胡适的文章，并直接接触了李大钊。以后，就在李大钊的指导下，办起了《劳动文化》小报，开始接受马克思主义的思想熏陶。

1923年的秋天，他带着李大钊先生"一要尽可能多地接触学生，多组织读书会，阅读进步书刊；二要适当地宣传马列主义和十月革命的胜利，为建立党团组织准备条件"的嘱托，回到了阔别4年的昆明，并在省立一中任教。

1926年春，在李大钊的指导下，楚图南从云南又到了北京，迅即转到哈尔滨，先后在哈尔滨

三、史海钩沉

三中、六中、省立女中、吉林六中等中学及长春二师等校任教。这年春天，楚图南加入了中国共产党。

1929年，楚图南受党组织的指派，先后到山东泰安省立第三中学、曲阜山东省立第二师范、济南省立第一中学任教。楚图南经常给自己的学生传播马克思主义理论，讲解鲁迅诗文和柯仲平诗歌，给学生以革命的启蒙，培养学生努力思考社会问题的兴趣和能力。

1930年，楚图南因为震惊东北的"吉林五中共产党案"被反动当局逮捕入狱。在狱中，楚图南并没有失去生活和斗争的勇气，而是"扣着铁的严肃，在死的战栗，也是在死的大宁静中"给青年朋友们讲历史、讲文学，并译完了长达20万字的《查拉斯图拉如是说》一书。接着又翻译了尼采的《看哪，这人》，1932年还写完了小说集《没有仇恨和虚伪的国度》。

1934年6月，伪满溥仪"执政"大赦，楚图南提前结束了原判为9年零11个月的监禁生涯。出狱后，到河南开封北仓女中任教。

1935年春天，楚图南到达上海，改名楚曾，进入暨南大学史地系任教。1936年至1941年，楚图南进行了大量的翻译工作，并将他翻译的德国陀劳尔、德米尔、贝赫尔，俄国的莱蒙托夫、尼克拉索夫，美国的惠特曼、匈牙利的沙罗西、欧特瓦士等进步诗人的16首诗作结集为《枫叶集》。1944年由昆明北门书屋出版社出版。

"七·七"卢沟桥事变爆发后，楚图南从上海回到云南。这期间，楚图南始终以云南大学教授的公开身份，积极投身于昆明的抗日救亡运动，成为云南省民盟的重要领导人和云南文化教育界抗日救亡活动的积极分子，是昆明民主运动的重要组织者、领导者之一。

1939年，为积极配合抗战救亡，文协云南分会召开第四次会员大会，选举了楚图南等为分会理事。分会先后邀请了茅盾、巴金、陶行知等作宣讲、作讲座。楚图南经常以东道主的名义主持演讲或座谈会。为了"抗拒前方的敌人，更要警惕后方的黑夜"，1942年深秋，楚图南把他自抗战初期回到云南后写作的杂文作了选择编辑，命名《刁斗集》并公开出版。

1943年，楚图南、闻一多、吴晗、费孝通等

三、史海钩沉

先后加入了民盟。

1945年12月,楚图南被选为云南民盟主委。

1946年7月,李公朴遇害后,楚图南悲痛地写下这样一副挽联"时局多艰,思国士,争民主,求和平,与奸邪搏斗,不惜一死;风雨如晦,怀故人,同忧患,共肝胆,遽胠侪摧抑,如何勿伤"。李公朴、闻一多相继遇害之后,白色恐怖阴云密布,楚图南、吴晗等受党的指派转移上海。楚图南在上海担任上海法学院的教授。1947年11月6日,楚图南听从沈钧儒意见,把家属留在上海,秘密启程到香港。1948年后,再从香港先后转到上海、天津、北平,参加了对各大学接管和新政协的筹备工作,当选为中国人民政治协商会议第一届全国委员会委员。1949年10月1日,楚图南和全体参加新政协的代表一起,登上了庄严的天安门城楼,参加隆重的开国大典。1949年岁末,遵照邓小平指示,楚图南又南下重庆负责西南文化教育工作。1953年,担任中央人民政府扫除文盲工作委员会主任委员。1954年5月,楚图南担任中国人民对外文化协会会长。从1954年起,楚图南当选全国人大代表,第二、三、四、五届全国政协常委，第五届全国人大常委。自1956年起，一直担任中国民主同盟中央委员会副主席。1986年1月当选为民盟中央代主席。1987年1月当选为名誉主席。1986年4月，在第六届全国人大第四次会议上，楚图南以86岁高龄，被补选为第六届全国人大常委会副委员长，成了一位备受世人所爱戴的国家领导人。

楚图南还是一位世界语爱好者和积极推动者，"世语通声气，天下成一家。齐心勤耕作，和平友谊花。"便是楚图南对世界语的推广和追求世界和平的思想之真实印证。此外，楚图南的书法，独辟蹊径，取势中正，体格近颜独具气势，自成一家，祖国的名山大川和都市的公园景区，都能见着楚图南的墨宝，他的书法被称颂为"字字完美，敛神藏锋，端庄凝重"。

楚图南于1988年辞去领导职务。在退出领导岗位后，仍关心国家的经济发展，政治民主和社会进步，尤其关心青年、教育、知识分子问题。

楚图南于1994年4月11日逝世，享年95岁。

（十三）柯仲平

柯仲平，原名柯维翰，1902年1月25日出

 三、史海钩沉

生于云南省广南县城小南街坡顶高。著名诗人，因其诗作犀利豪放，被称为"狂飙诗人"。曾任陕甘宁边区民众剧团团长，陕甘宁边区文化协会副主任、主任。新中国成立后，历任西北军政委员会文教委员会副主任兼西北艺术学院院长，中国作家协会副主席，第一、二、三届全国人大代表和第一届全国政协委员。

1916年，14岁的柯仲平在广南以优异成绩，考取云南省立第一中学。因深受北京《新青年》杂志的影响，1919年五四运动后，他积极投身学生运动，是昆明地区学生运动的主要领导人之一。从这时起，他学写白话诗，以此抗击黑暗，歌颂自由和光明，参与创作并登台演出了话剧《劳工神圣》。1921年冬末，柯仲平与相爱多年但尚未公开关系的女同学丁桂媛（后改名为丁月秋）自昆明出发，取道越南、香港抵达革命运动中心北京，寄宿于云南会馆。自此改名柯仲平。

1924年，柯仲平考入北平法政大学法律系，这时期他创作出了第一部抒情长诗《海夜歌声》，于1927年8月由上海光华书局出版。

1925年，柯仲平在北京结识鲁迅，并得到鲁

迅的热情帮助和指导，鲁迅看出柯仲平有诗人气质而给予鼓励，并期望他能终身成为"孺子牛"。同年，柯仲平又结识郁达夫、高长虹（"狂飙诗社"的创办人）等人而成为知交。1926年，郭沫若、郁达夫等在上海集资创办《创造月刊》。5月，柯仲平离京赴沪被邀至创造社出版部工作。这一时期，柯仲平相继创作了《献给狱中的一位英雄》《长征》等许多诗篇，以其烈火般的革命激情，倾诉着对黑暗势力的强烈不满和痛恨。在出版部，柯仲平与潘汉年志趣相投，建立了真挚的友谊。此时，在出版部内的文学青年中，由于柯仲平的诗作犀利豪放，因而被大家戏称为"狂飙诗人"。

1930年3月，柯仲平经潘汉年介绍加入中国共产党。被党派任上海工人纠察队总部任秘书兼上海总工会联合纠察队秘书。

1926—1930年底，柯仲平完成了长篇诗剧《风火山》，因从事革命活动而3次被国民党反动当局逮捕入狱，他在狱中坚贞不屈。1935年，柯仲平出狱后，一下子找不到党组织，便只身东渡日本留学。1937年，柯仲平怀着强烈的爱国热情，于8月回到了祖国，找到八路军驻武汉办事处，

三、史海钩沉

董必武留下他作抗日救亡活动的宣传和工运工作。同年10月19日,在武汉各界纪念鲁迅先生逝世一周年大会上,他放声朗诵自己创造的短诗《赠爱人》,引起了国民党特务的注意。组织为了他的安全,决定让他离开武汉去延安。1937年11月柯仲平到达延安,受到了毛泽东主席的亲切接见。此后,柯仲平以饱满的热情,积极投入抗战宣传教育和根据地的革命文化建设工作中,曾先后担任边区文协副主任、主任等职。

1938年后,柯仲平的诗作更加民族化、大众化、革命化,其长篇叙事诗:《边区自卫军》《平汉路工人破坏大队》,议论文《论文艺上的中国民族形式》《论中国民歌》《介绍〈查路条〉并论创造新的民族歌剧》《谈"中国气派"》以及政治抒情诗和短歌《延安与中国青年》《保护我们的利益》《民众剧团歌》《朱德同志》等诸多作品,因豪放铿锵,朴实练达,具有浓厚的民族色彩而脍炙人口、流传甚广,并获毛泽东主席高度褒扬。称赞他把工农作为主人,称赞他对民歌体的运用和在诗歌大众化方面所做的努力……

1942年5月,柯仲平参加了延安文艺座谈会,聆听了毛主席和朱德总司令的重要讲话，更坚定了走文艺大众化道路的决心。同年9月，毛主席亲自邀请他为《解放日报》第四版撰稿人，并在名单下注明："以大众文艺及文化为主。"之后，柯仲平率领西北文艺工作团到陇东下乡。途中，先后创作了《无敌民兵》《模范城壕村》《孙万福回来了》3个大型歌剧，并由文工团在各地演出，受到热烈欢迎。

1947年夏，柯仲平来到河北平山县西柏坡党中央所在地，参加了中央召开的土改会议。会后，被留在华北局，主持编辑"中国人民文艺丛书"，至1948年10月编辑工作结束。同年底，柯仲平回到延安，开始创作刘志丹的史诗。1949年5月，奉令率领西北地区文艺工作者到北京，参加了全国第一次文艺工作者代表大会，并当选中国文学艺术界联合会委员和中国文学工作者协会副主席。

新中国成立后，柯仲平一直在西北和陕西工作。先后担任全国文联常务委员、中国作家协会副主席、西北文联主席，以及西北文教委员会副主任、作协西安分会主席等职，并当选为第一届

三、史海钩沉

全国政协委员,第一、二、三届全国人民代表大会代表,中苏友协副会长,民间文艺家协会理事等职。这一时期,柯仲平主要从事文化事业的组织领导工作,同时继续坚持诗歌创作。1952年5月,创作了叙事长诗《毛主席的小英雄》。1954年春,在随中苏友好协会代表团赴苏联、波兰访问期间,又创作了短诗《献给巴库》《献给西伯利亚的集体农庄》等。之后,创作了许多热情洋溢、民歌风味浓厚、富有革命浪漫主义色彩的抒情短诗,并多次在群众场合朗诵,如《母亲颂》《多瑙河滚滚波浪》《迎春曲》《歌唱总路线》《不断地飞跃不断地唱》《六十年代英雄多》《国庆十五周年致台湾》等等。

柯仲平开创了一代民族化、大众化新诗风格,50年代末期受到批判和责令反省,使其身心遭到严重摧残。虽然身体多病,但却能以一个普通共产党员的标准严格要求自己,节衣缩食,上班不坐轿车骑单车,同时,仍以坚韧的毅力,坚持创作。1964年10月20日,柯仲平因身患主动脉夹层瘤穿孔不幸突然谢世,终年62岁。

（十四）王世珍对民族传统的改革

王世珍，壮族，1895年出生于马关县马洒村。他生性聪敏，自幼学文习武，品学兼优。长大后毅然投笔从戎。他两次进云南讲武堂骑兵科学习，1920年从云南讲武堂第十六期毕业，被分配到驻粤滇军范石生部。王世珍在从军路上，经历了轰轰烈烈的讨袁等战斗，屡建战功。在血与火的拼杀中，逐步从排长、连长、营长，晋升到上校团长。1923年，滇军溃败，王世珍因所在部队失散而回乡。

回到家乡的王世珍抱负不减，积极参与家乡的发展和建设，热心为家乡父老服务。1924年，马关发生严重旱灾，王世珍参加了"马关县城关救荒委员会"，带头捐献大米救济灾民。1925年6月，时任马关县县长徐维新和土豪周星康（总团兼剿匪大队长）沆瀣一气，借征收"烟亩罚金"之机，横征暴敛，垄断盐务，抬高盐价，百姓苦不堪言。王世珍替民请愿，要求周星康减征和延缴，被周傲慢拒绝。王世珍便与乡绅联名上书省政府控告徐、周舞弊盐务的非法行径。徐、周受到省府的斥责后，报复王世珍和乡绅，将王世珍关押。

三、史海钩沉

贪官污吏欺压百姓的行径,使王世珍无比愤慨。动乱的时代及自己的遭遇,使王世珍知道了枪杆子的重要性。出狱后,他组织民众四五百人,以铲除贪官污吏为口号,于1925年农历七月攻打县城,徐维新与周星康狼狈逃窜到乡村隐匿。王世珍率民众入城,一部下因抢劫昌泰祥铺号的布匹等物被王世珍枪决,逃到乡村的徐维新和周星康组织力量伺机攻打县城,因力量悬殊,王世珍主动撤离,将队伍化整为零,分散于砚山、广南、西畴等地。徐维新与周星康重新占据县城后,以清乡剿匪为名,对县城附近16个壮族村寨进行报复,野蛮的烧杀抢掠,使无数壮族百姓流离失所。不久,徐维新的队伍撤离了县城,王世珍率部返回乡。新任县长伍玉成委任王世珍为剿匪大队长,王世珍受职后仍然居住老家马洒村。

王世珍真诚地热爱着自己的民族和家乡,寻求着民族生存的道路。他认为,"学校者,人才之母也。"为了家乡的文明和进步,编著了《学校论》《侬人改装之利弊种种》《婚育怪象》等书籍,宣传、促进当地壮族文明素质的提升。

在外多年的闯荡和见识,使王世珍看到了家

乡与内地文明的差距,并想努力为家乡做些事。他广泛征求村里老人的意见,利用寨中祠堂及绝户田产开办学堂,在马洒创办了现代学校。还在课程中增设了军事课,教学生习武;倡导改革壮族父母包办婚姻、早婚早育、不落夫家等陈规陋习;改革壮族妇女服饰。壮族妇女的老式服装,上衣短,腰身窄,袖筒小,纽扣密,紧箍住上身,下半身的裙子又长又重,尤其是臀后结一个大结,显得笨重,做家务农活极不方便。民国初年,侬人中的有识之士就曾提出改革服饰,但对于习惯了传统穿着的本民族同胞来说并非易事,受到重重阻碍而推行不了。为改革侬装,王世珍采取了教育与强制实行相结合的做法,每逢赶集天,他就带领人员在路口等地方,对穿老式裙子的动手剪去裙子,剪除头戴的帕子。王世珍实行的侬装改革,在当地壮族地区产生了很大影响,随着时间的推移,当地壮族的观念逐步得到改变,由穿裙子改成穿裤子,传统衣着得到改革,服饰更加方便穿戴和劳作。

　　王世珍历经战火洗礼,为民代言,敢于反贪除霸的行为,得到当地民众的称赞,同时也得到中共地下党的关注。中共云南地下组织委派马关地下党员李国定到其部队任职,做争取王世珍的工作。1927年,驻文山的王秉钧为扩充实力,委任王世珍为十六梯团团长,同年腊月,又晋升为"前敌总指挥"。1928年农历正月,王世珍不听李国定的劝阻,奉命率部进驻弥勒县城。其间,当地恶霸李某无恶不作,根据群众要求,王世珍下令扣押李某,没收全部钱财分给贫苦群众。此事为王世珍的命运埋下了祸根。李某寻机报复,暗中与省府联系,以省府名义调王世珍离城,途中设伏除掉他。王世珍不知是计,1928年9月9日,率部离城行至蒙自的龙潭坡,遭到驻蒙自张凤春部的伏击,腹部受重伤自杀身亡,时年33岁。

(十五)一个被整顿好了的合作社

新中国成立后,如何保护和引导农民在土地改革基础上调动起来的生产积极性,使他们克服在分散经营中所面临的困难,大力发展生产,走上丰衣足食的道路。西畴县委把戈木乡作为全县农村工作的试点,针对1953年戈木乡土地改革结束后出现的大牲畜、大农具缺乏,口粮紧张等问题,及时引导农民组织生产互助组,开展生产自救。先在达嘎村帮助13户农户成立互助组,选举侬惠莲当组长。他们在生活上粮食进行互相调剂,在生产上按自愿互利原则,以工换工、以工换牛等形式互相帮助,切实解决了生产生活中的困难。同时,积极引导各村寨组织互助组。很快在全乡成立了19个互助组,加入农户达90%以上。这个经验在西畴县推广后,全县共组建互助组1800多个,加入的农户达50%以上。

农村生产互助组的成立,显示了互助合作的优越性。县委决定进一步引导农民组织起来,建立初级农业生产合作社。于是戈木乡达嘎村侬惠莲互助组、骆家塘乡梅子箐村邬在发互助组、鸡街乡高家寨村陆成林互助组相继建立了新生、新建、星星农业社,成为文山最早建立的6个社中的3个。西畴县委在这3个社取得经验后,于1954年秋,在32个乡分2批建立了74个初级农业生产合作社。

"三天不挑柴卖,就要饿死半个寨。"这是当年西畴县炭西村的真实写照。当时的炭西村有20户人家,建立起东升农业社后,戈木乡党支部和"蹲点"干部认为东升农业社仅仅是干部弱一点,

三、史海钩沉

社员的生产不会有多少问题,干部只顾忙着去处理取消土地分红、大牲畜、大农具折价入社和完善经营管理等问题,也就很少到炭西村。1955年的栽种季节到了,全社只积了一万多斤土杂肥,稻田没有翻犁,种子不知还在哪里,社员像散蜂子一样,统一不在一起。东升农业社的情况反映到乡党支部,时任县委书记苏复也在戈木乡蹲点,他立即带领蹲点干部到炭西村进行调研。在一次社员会议上,一位农民说:"毛主席叫我们办社我们就办社,可是办起社来没人管,眼看邻社苞谷栽种完了,秧撒完了,我们连板田都还没有犁,秧也没有撒,不要说增产,恐怕连吃的都成问题,心都冷了。县委、区委、乡党支部的领导都不到我们寨子来。"针对群众反映的问题,县乡领导一是向社员检讨对东升社的不关心,二是宣传新生社的经验,三是讲解粮食购销政策和社干部制定的一些管理制度。做了这些工作后,群众的思想问题解开了,心情舒畅了,合作社的问题也得到了理顺和解决,群众踊跃投入到合作社发展生产的劳动中,没有几天,全社的14亩板田全部犁完,谷种撒进田,苞谷种下地,各项农事全面开展起来。

在东升社蹲点的干部杨运康,根据东升合作社从没人管的一盘散沙到合作社齐心协力发展生产的发展过程撰写了《西畴县戈木乡东升农业社是如何由混乱走向巩固提高的》一文,分别寄给县委、地委农村工作部和文山报社。当时全省各地都办起了一批初级农业生产合作社,其中一些社缺乏经验,生产和经营管理一度混乱。这篇文章正好反映了这一现实,县委、地委农村工作部把它刊登在《农村工作通讯》上。1955年6月30日,西畴县委又将这篇文章上报省委,省委把它刊登在《云南农村工作通讯》上。这篇文章经毛主席批示后,在1955年12月第二次编辑《中国农村的社会主义高潮》一书时,以《一个混乱的合作社整顿好了》为题入编该书。

(十六)西畴精神

西畴1506平方千米的面积由十万大山拱卫着。平均海拔1500米。这是集"老、少、边、穷、山、战"为一体的贫困县,石漠化严重,石山区占总面积的74%,"七分石头三分地,缺土又缺水"是对西畴最好的概括。这里最惹眼要数石头了,

三、史海钩沉

最震撼人心的是这些顽石堆积起来的大石山,这里是石头组成的世界,一块挤着一块,一片接着一片,一山连着一山。怪石组成的大石山,苍凉雄险,荒蛮大气,把西畴的自然个性展露得淋漓尽致。登上山脊,可见峰峦云海;走入谷底,总有曲折小路,人在山顶山腰安家,地走七里八里不远,绕山绕水几十里,一不小心,才发现出发的地方不过就在山对面。西畴是石的天,石的地,石的路,西畴当之无愧是个石的王国。全县人均仅有耕地0.8亩。曾经有一位外国专家到西畴县蚌谷乡一个被当地比喻为拉屎都不生蛆的屙屎谷考察后,摸着山梁上的顽石说:"西畴县相当部分地区已失去人类生存的基本条件。"一时间,一些外地干部不安心,本地干部无信心,人民群众盼迁居。从此,一些耐不住苦的人,背井离乡搬迁到外地去了,搬出去的人,都不愿意再回西畴这地方。小伙子找不到媳妇,成了家的媳妇都想往外跑。生存环境的冷凉闭塞,弯弯山路的艰险难行,生产生活的落后贫困,西畴人重新冷静地思考:不干不行,不干没有出路。祖先既然选择了这片土地,就要在这片土地上寻找出一条生路,世世代代居住在山里的群众开始向石头宣战,向贫困宣战。"搬家不如搬石头""苦熬不如苦干""等不是办法,干才有希望""与其等着饿死,不如干着累死",……一句句铁骨铮铮的豪迈之声在干部群众中吼出。说干就干,于是,多少年,多少代,一直寂寞地默默无闻地躲在山旮旯里的西畴的山村沸腾了,一场破石惊天、勇斗顽石的恶战就此拉开序幕。

为了在乱石丛中,在石头缝里铲开一条生存之路,西畴人别出心裁地把屙屎谷改为摸石谷。1990年12月3日,时任蚌谷乡政府副乡长的王廷位带着木者村的群众,在乱石丛生的"摸石谷"山地里,用土制的火药点燃了向山旮旯要地要粮的第一炮。

这"轰"的一声炮响,震惊了那些盘踞在地里的千年磐石,这声炮响,震醒了酣睡的西畴大地,唤起了民众的精、气、神。

为了改良土地,整个"摸石谷"的家家户户老老少少全员上阵,他们靠着最简陋的工具、最原始的办法,叮叮当当,一个石头一个石头地炸,把炸出的石头一个一个地砌成石埂,再从别的地

三、史海钩沉

方用肩头一担一担地挑土来填。没有钱,没有炸药,他们就在石头上架起柴火,先用火将石头烧酥,再用水将其浇散。

一个个冬春过去,昔日人见人怕、鬼见鬼愁的摸石谷山梁上,奇迹般地出现了一道道整齐划一的石埂、石墙。西畴人硬是从石缝里造出1500亩"三保"台地。

一片片保土、保水、保肥的"三保"台地,让村民们一个个欢呼雀跃。在改良后的土地上,群众种玉米,栽烤烟,粮食产量翻了好几番,烤烟收入也成倍增长。于是,原先想搬迁的人家不考虑搬了,一些已经迁出去的人家又搬了回来。村里70多岁的老人王廷章禁不住感慨:"搬家还不如搬石头!"

为了在乱石密匝的山坡上炸石造地、修筑道路、架线改电、建池蓄水,很多群众不惜卖掉年猪和鸡鸭禽蛋,老人们卖掉了好不容易做出来的准备后事用的棺木换钱买炸药。买来的炸药不够,有的实在买不起,就自制土炸药,土炸药用完了,就干脆用铁楔强行将石头震破。正是凭着这样一股子不服输的倔强,苦干与实干,西畴人一直没有停歇过与自然抗争、与贫困搏击的斗争，铸就了大山深处的绝唱："搬家不如搬石头、苦熬不如苦干，等不是办法、干才有希望"的"西畴精神"。

1995年12月，云南省扶贫工作会议在文山州召开，全体与会者到西畴县蚌谷乡摸石谷参观后，被深深震撼了，对"西畴精神"给予了高度赞扬，把"西畴精神"归纳为16个字："自力更生，艰苦创业，自强不息，团结拼搏。""西畴精神"从此在文山及云南省传扬。

（十七）军民同铸老山精神

老山，地处文山州麻栗坡县东南部，位于中越边境第二段12号界碑之间中国一侧，国家级口岸天保口岸东北部，主峰海拔1422米，面积为8平方千米。

老山是中越边境上的重要制高点，战略地位十分重要。其势如两扇大门，控制着麻栗坡至越南河江省的通道，也控制着麻栗坡边境一线的广大地区，可向东西南北通视两国边境外纵深25千米地域。扼住老山，向东可封锁麻栗坡通向越南清水河的交通要道，向西可一览并监视中国扣林山方向，向北可方便地观察中国境内纵深25千米

三、史海钩沉

地域。

1979年3月,对越边境自卫还击作战结束,越南军队趁中国人民解放军作战部队后撤之机,秘密地肆意占领了我国陆地边界所有骑线点上的有利地形,包括中国云南麻栗坡县境内的老山、八里河东山、扣林山和者阴山以及马关县境内的罗家坪大山。这些制高点被越军占领后,越军越过边境到我方境内构筑工事,埋没地雷,安插竹签,并不时向我方开枪开炮,打死打伤我边境军民。1979年至1984年5月,越军向我境内发射各种炮弹4万多发,造成我国边境地区群众有家不能归,有地不能种,学校不能上课,万亩橡胶园、茶园不能收割,各族群众撤离躲进山洞,人民生命财产受到巨大损失。为了打击越军的挑衅,为了捍卫祖国神圣领土,遵照党中央、中央军委的命令,1984年4月2日到5月1日,中国人民解放军发起了自卫还击作战,一举收复了被越军侵占的我国领土老山。

云南边防部队收复老山后,越军又进行了多次疯狂的反扑,妄想再次占领老山。在老山,中越军队开始对峙并进行了长期的交战,一边是中国人民解放军英勇顽强地守护着我国神圣的领土，捍卫着祖国的主权不被侵犯，一边是越军无耻的挑衅和侵犯。

自1979年自卫还击作战开始，在长达十余年自卫还击、防御作战的时间里，中国人民解放军各轮战部队和云南边防部队参战官兵奏响"亏了我一个、幸福十亿人"，"奉献我青春、强盛我中华"的最强音，文山各族人民积极响应"一切为了前线，一切为了胜利"的号召，全力以赴支援前线，涌现出了熊天才（苗族）、骆科邦、鲍朝元（傣族）、杨光元（苗族）、熊玉明（苗族）等大批参战的民兵英雄和模范人物，特别是麻栗坡县杨万乡8岁的苗族学生杨兴周，跟着父亲步行8千米为前线部队送炸药，他背弹药支援前线的小背篓被中国军事博物馆收藏。参战部队和文山各族人民，用鲜血和生命保卫了祖国西南边疆的安全和领土完整，谱写了新时期最可爱的人的壮丽诗篇，铸就了气壮山河的"老山精神"。

许多高扬时代主旋律，洋溢着爱国主义精神，以驻守老山、保卫祖国为主题的文艺作品应运而生，《凯旋在子夜》《战争，让女人走开》，

《雷场相思树》等影视剧热播,歌曲《十五的月亮》《望星空》《两地书,母子情》《热血颂》《血染的风采》等传唱大江南北,极大地激发了全国人民的爱国热情,鼓舞了各族人民的精神和斗志,极大地推动了全国的改革开放。

"老山精神"是首战部队创造的、轮战部队丰富和发展的、云南边防部队长期发扬光大的、边疆军民共建的、原昆明军区和成都军区总结归纳的、中央军委充分肯定的、全党全军全国各族人民深入学习的革命精神。其内涵包括祖国利益高于一切的爱国主义精神;英勇顽强不怕流血牺牲的革命英雄主义精神;为祖国和人民的利益甘愿吃亏的无私奉献精神;团结协作的集体主义精神;不畏一切艰难困苦的革命乐观主义精神。

(十八)毛泽东主席对西畴县东升合作社的批示

1955年,毛泽东主席在《中国农村社会主义高潮》一书中,对中共西畴县委关于《一个混乱的合作社整顿好了》一文作批示:"这个材料指出了一个真理,就是任何情况混乱的合作社,都是可以整理的,因为加入合作社的都是劳动人民,不管他们各个阶层之间意见怎样不合，总是可以说清楚的，有些合作社，在一个时期内，确是混乱的，唯一的原因是得不到党的领导，党没有向群众讲明自己的政策和办法。'我们知道办社是好事情。但是办起社来，县委，区委，支部都不管我们了。恐怕是嫌我们寨子穷，吃不好，住不好，才不到我们社里来。'所谓混乱，没有别的原因，就是这样一个原因。得不到党的领导，当然就要混乱。领导一加上去，混乱就会立刻停止。这个材料又提出了一个在落后乡村是否可以建立合作社的问题。回答是肯定的。本文作者所说的这个合作社，就是处在一个落后村。全国约有百分之五左右的落后乡村，我们应当都去建立合作社，就在建社的斗争中去消灭这些地方的落后状态。"毛主席的这段批示鼓舞了几代西畴人民。

原西畴县委书记杨运康在后来的回忆录中写道："按语"很快在西畴干部中传开，很多领导说话时随口就能讲出来。他们转变工作作风，深入到合作社，与社员同吃同住同劳动，扎扎实实为社员办实事。1956年全县实现了农业合作化。当年，农业生产有了大幅度增长，粮食总产量达

三、史海钩沉

3120.8万公斤,是1949年新中国建立以来的最高产量年。

毛泽东主席对西畴县合作社的光辉批示,极大地鼓舞了西畴县广大干部群众办社的积极性。兴起建设农业生产互助合作社的运动,使西畴粮食获得增产,战胜了灾荒,渡过了难关,并激励着一代又一代西畴人民创造了"西畴精神"和"西畴现象""西畴模式""西畴经验"。

(十九)邓小平同志对富宁革命老区的批示

1975年1月,第四届全国人民代表大会代表、中共富宁县委书记赵廷光同志在出席全国人大四届一次会议期间,根据富宁县在邓小平、张云逸领导的广西百色起义后建立革命根据地,在云南与广西交界地区的七村九弄长期坚持革命斗争的实际,向全国人大提出了将富宁县列为革命根据地来建设的议案,该议案被全国人大采纳并送呈邓小平同志审阅。邓小平同志充分肯定了富宁县革命斗争的历史,在赵廷光提出的议案上做出:"富宁县是革命根据地,确有其事,请有关部门给予重视"的重要批示。

1993年，中共云南省委办公厅云办发〔1993〕3号文件正式批准文山州的富宁县、广南县为土地革命时期的革命老区县，批准文山州的丘北县、西畴县、麻栗坡县、马关县、砚山县为解放战争时期的革命老区县，文山市的追栗街乡、古木乡为解放战争时期的革命老区乡镇。

（二十）胡耀邦总书记亲临文山视察

1985年2月10日下午，中共中央总书记胡耀邦，在中共中央政治局委员、中国人民解放军总政治部主任余秋里和中共云南省委书记安平生、省长普朝柱的陪同下，到文山视察并看望驻文山的边防部队。当天到达文山后，胡耀邦总书记随即听取中共文山州委工作汇报。下午4时到文山军分区，接见了前线作战部队和文山军分区、文山警备师的师以上领导，并听取了部队的工作汇报，11日，胡耀邦总书记亲切接见了文山州各县的县委书记以及和州直各部门及驻军部队团以上领导干部并合影留念。之后前往砚山县平远镇视察。

胡耀邦总书记在听了州委、州人民政府的工作汇报后，对文山壮族苗族自治州的工作给予了

三、史海钩沉

充分肯定,对文山州的工农业发展和边防建设作出了重要指示,要求要有紧迫感,加快改革开放,以开拓精神把经济工作搞上去,使全州各族人民走上富裕之路。要求文山各级领导干部要加强学习,提高领导能力和管理水平,各级干部要深入实际,调查研究,访富问计,访贫帮富,总结经验,把工作做扎实,要求要加强边防建设,保卫和巩固好祖国的国防。胡耀邦总书记还挥毫为文山壮族苗族自治州题词:"开拓前进,建设边疆。"给部队题词:"能文能武,富国富民。"

胡耀邦总书记对文山壮族苗族自治州的视察,给文山各级干部和各族人民予极大的鼓舞,激发了文山各族人民发展经济,保卫边疆、建设边疆的信心和决心。1985年3月,中共文山壮族苗族自治州委员会、州人民政府遵照胡耀邦总书记的指示,组织州县区乡9276名干部深入农村,和农村的各民族群众一道,在全州开展惠及家家户户的轰轰烈烈的"增百致富"活动,促进了文山壮族苗族自治州经济的发展,增加了农民的收入。

(二十一)江泽民总书记亲临文山视察

1989年11月16日至17日,中共中央总书记江泽民亲临文山视察,国家计委副主任刘中一,中共中央办公厅副主任曾庆红,中国人民解放军副总参谋长徐惠慈,农业部副部长陈耀邦,国家民委副主任赵延年,中共云南省委书记普朝柱等陪同视察。

江泽民总书记于11月16日中午到达文山后,亲切看望了中国人民解放军驻文山官兵,江总书记深入到战士宿舍问寒问暖,他对解放军指战员说,云南地处祖国的西南部,解放军官兵的任务是艰巨的,也是光荣的,他代表中央、国务院、中央军委向驻文山的部队指战员表示亲切的慰问,并希望指战员们继续发扬光荣的革命传统,为保卫祖国再立新功。

11月17日上午,江总书记风尘仆仆地来到文山城郊区的花桥苗族村和旧平坝壮族村,深入到少数民族的家中与少数民族群众促膝谈心,了解生产生活情况。在花桥苗族村村长陶兴寿家,陶兴寿高兴地向总书记介绍自己的家人,江总书记高兴伸手接过陶兴寿儿媳怀中的小孩,江总书

三、史海钩沉

记关切而周详地询问陶兴寿家生产生活情况,陶兴寿激动地一一做了回答。

离开花桥村,江泽民总书记又来到旧平坝下寨村马仲民家,江泽民总书记亲切地与壮族群众挥手致意,关切地询问马仲民家粮食生产情况和收入情况,并问起了马仲民妻子头上的花头帕的图案代表什么意思,马仲民一一作回答,对于马仲民的回答,江泽民总书记高兴地给予了赞许。

11月17日,江泽民总书记听取了中共文山州委的工作汇报。江泽民总书记对文山州的群众路线工作,企业党组织建设,矿业开发冶炼办企业等问题做了重要指示。江泽民总书记肯定了文山州抽调大批干部到农村工作,坚持党的群众路线的做法。他说干部不下去,嘴上讲群众路线,那是空的。从中央到省、市、地、县的干部都要深入到群众中去调查研究,到基层抓各项工作的落实。这样,形势就会越来越好。江泽民总书记强调指出,文山是少数民族聚居的民族自治州,文山有个特殊性,地处祖国南疆老山前线,支援前线的任务很重。

在同各级干部群众交谈中,江总书记告诫大家,要重视民族团结,重视发展边疆民族地区的经济和教育、文化。江泽民总书记说,在民族平等基础上加强民族团结,是马克思主义的一个重大原则问题,我们国家解决得比较好,云南解决得也是好的。江泽民总书记还特别指出,少数民族干部不仅要学习社会科学知识,还要学点自然科学,发展经济和民族地方工业,一定要有文化水平高的民族干部。你们生活逐步富裕后,要注意培养下一代,让孩子多念书。

在从平远到文山州的途中,文山的红土壤引起了江泽民总书记的注意,他指示说根据文山的土壤情况,可以学习江西的经验,引种湿地松,可以先派人去考察,先引进一点。文山林业部门于当年便开展了引种江西湿地松工作,购进2.5公斤种子,育苗2.4万株,种植后长势良好。对土壤起到了很好的保护和改良作用。

江泽民总书记看望并视察的花桥村苗族陶兴寿,不久后创办了"江花服装厂",专业从事苗族服饰的设计、制作和销售,其生产的苗族服饰畅销省内外的苗族地区和东南亚的越南、老挝等

三、史海钩沉

国家,还远销欧美。不仅推动了本村经济发展和群众致富,而且传播了中华民族文化和民族服饰文化。

(二十二)胡锦涛总书记对富宁瑶族山瑶支系扶贫的批示

富宁县的瑶族山瑶支系,又称为"过山瑶",在富宁县当地称为"山瑶族",自称为"亚""山瑶"。山瑶支系在富宁县主要分布在新华、皈朝、洞波、者桑、花甲、那能6个乡镇22个村委会93个村小组共有1828户8429人,占富宁县总人口的2.1%。山瑶支系主要居住在富宁县喀斯特地貌石山区。由于历史和自然原因,多年来,虽然各级政府不断加大对山瑶支系的扶贫力度,采取多种措施扶持山瑶支系的发展。但因山瑶支系居住地自然环境恶劣,水资源缺乏,耕地面积少,土地分瘠,再加上居住分散,山瑶支系的贫困状况一直没有得到有效解决,大部分山瑶支系的群众的生活仍然处在贫困线下。

2009年12月2日,中共中央总书记胡锦涛在新华社《国内动态清样》第4840期"山瑶群众的五难生活——云南瑶族支系山瑶群众生活状态见闻"一文上批示,要求发改委、民委、扶贫办、云南省继续给予瑶族山瑶支系扶持和帮助。之后,胡锦涛总书记又在关于富宁县瑶族山瑶支系的扶持上再次做出批示。胡锦涛总书记的批示,体现了党中央国务院和中央领导对少数民族贫困人口的关心和牵挂,以及对少数民族扶贫工作的重视。各级党委政府认真落实胡锦涛总书记的批示,采取有效措施加大对富宁县瑶族山瑶支系的扶贫力度。中共云南省委提出"搬家、种树、办教育"的扶贫思路,中共文山州委、州人民政府先后从州级各部门抽调30多名干部组成扶贫工作组,和富宁县抽调的工作组一道奔赴瑶族山瑶支系聚居的富宁县归朝、洞波等六个乡镇,直接驻到村子里,有针对性地开展扶贫工作。瑶族山瑶支系一部分从分散的大山上集中搬到了环境和条件相对比较好的平地来,一部分搬到了富宁县城。富宁县将瑶族山瑶支系的学龄儿童全部安排到富宁县城的中小学就读,通过技术和劳动就业培训,由富宁县的企业安置瑶族山瑶支系的群众到企业就业。通过几年的努力,一系列的扶贫措施得到落实,

三、史海钩沉

富宁县瑶族山瑶支系的居住及生产生活条件得到了极大的改善。

（二十三）习近平总书记称赞血性军人王建川

2015年1月21日，中共中央总书记、国家主席、中央军委主席习近平在视察驻昆明部队时强调，要坚决贯彻党中央、中央军委决策指示，认真贯彻全军政治工作会议精神，牢固树立强基固本思想，按照军队基层建设纲要抓好基层建设，夯实部队建设基础，推动强军目标在基层落地生根。习近平十分关注部队基层建设。21日上午9时25分，习近平来到某集团军机关，走进集团军机关办公大楼看望慰问官兵，了解部队全面建设情况，充分肯定部队近年来取得的成绩和进步。在同大家座谈时，习近平谈到了这支部队19岁的烈士王建川在战场上写给母亲的诗，称赞他"为了祖国不惜血染战旗"的军人血性。习近平指出，打仗从来都是狭路相逢勇者胜，军人必须有一不怕苦、二不怕死的精神。

受到习近平总书记称赞的王建川烈士，是云

南省文山壮族苗族自治州砚山县人，壮族，原35207部队步兵一营三连战士，1964年10月出生，1984年1月入伍，共青团员，初中文化，荣立过三等功。于1984年4月28日在收复老山的战斗中光荣牺牲。

附：

王建川战场上写给母亲的《寄给妈妈的日记》原文：

当巡逻的脚步送走除夕，

妈妈，我送给你这本日记。

孩儿一年的征尘、四季的足迹，

全部忠实地记在这里。

当灶前的火光映红了日记，

妈妈啊妈妈，

日记将给你带去多少回忆。

童年的天真，

少年的顽皮，

如今化作了庄严的军礼。

放心吧妈妈，

我已经懂得了"战士"的含义，

当还击侵略者的炮声震撼大地，

三、史海钩沉

妈妈,请你不要把孩儿惦记,
不付出代价怎能得到胜利?
战士的决心早已溶进枪膛里,
为了祖国不惜血染战旗!
再见吧妈妈,
孩儿即使在九泉也千声万声呼唤您!

四、地方文化

在漫长的历史岁月里,生活在文山这片土地上的各族人民创造了光辉灿烂、种类繁多、形式多样、内容丰富、底蕴深厚的地方文化。涉及历史、文学、民俗、美术、舞蹈、戏曲、技艺等诸多门类,与文山各族人民的生产生活、民风民俗息息相关、紧密相连,生动地展现了文山各族人民丰富的思想情感和卓绝的聪明才智。既是文山各民族人民生产生活的客观记录和真实写照,是文山各民族人民认识自然、征服自然、改造自然的历史结晶,也是各民族人民对幸福美好生活的追求和向往的真实反映。

文山,有众多的世居民族,有丰富多彩的韵味独特特色鲜明的民族文化。

文山,有丰富厚重的铜鼓文化,有源远流长的三七文化。

四、地方文化

这些丰富多彩的地方文化,是文山数千年来文明成果的历史积淀,承载了文山各民族人民几千年的劳动和智慧,是中华文化的组成部分,和中华文化一脉相承,既有中华文化的共性特点,又有浓郁的地方特色和民族特色。

(一)历史文化

1. 句町文化

"句町"为古代方国的名称。句町:壮语。句:九、极数,也有多和大之意。町:脚板、红、亲、高山顶部、钉子之意。合起来可以理解为"九个有着同宗血亲关系的部族联盟"或"多氏族部落联盟"之意。句町部落是壮族先民"僚人""濮人"建立起来的古代部落方国。其辖区范围主要位于珠江腹地和红河腹地的结合部,即今云南东南部、广西西部及越南北方的部分地区。句町国被载入史册,最早见于《汉书》,最晚止于《南齐书》,据史料记载,句町部落首领在春秋时期被周王朝封为王。西汉汉武帝设置郡县时,句町部落被设置为县,由牂柯郡管辖,拥有"邑君长人民"和比较强大的武装力量,是"南中侯国以十数"中较大的一国,后由于势力不断强大而被汉王朝封为诸侯国。至汉昭帝始元年间(公元前86—80年),因协助汉王朝平定姑缯、叶榆的反叛"有功",汉昭帝始元五年(公元前82年),其首领毋波被封为"句町王"(《汉书·西南夷传》)。句町国,战国至西汉末期发展至鼎盛,东汉时国势逐渐衰落,一直延续到萧齐被梁朝取代之时(公元前81—公元502年)。句町国在中国历史上存续了600多年。

在句町国漫长的历史发展过程中,经过不断的发展、演变,句町文化逐渐形成了自己的体系,既保留了自身神秘的民族奇风异俗,又传承厚重而多元的民族文化神韵。句町文化在吸收中原和其他少数民族先进文化的基础上,把自己的民族文化不断推向高峰,创造了"那"(稻作)、干栏式建筑、青铜、巫、服饰、绘画、舞乐等许多具有本民族、本区域的特色文化。句町文化,既是一份丰富的珍贵的文化遗产,更是中华民族文化宝库中的一枝奇葩,是研究古代西南地区历史和文化的宝贵资料。

2. 崖画文化

崖画是古代先民描绘或摹刻在崖壁上的图画,

四、地方文化

被称之为"岩石艺术",有反映古人对自然、神灵崇拜、祭祀仪式的,有反映耕作、狩猎、放牧等生产劳动的;有反映歌舞、战争场面的等等,古人们用简单的色彩、线条,勾勒出一个个动人的形象、鲜活的图案,传达着古人心中对自然的崇敬,对美好生活的向往,它是早期人类智慧的结晶,散发着原始的艺术魅力。

文山的崖画主要分布在广南、丘北、麻栗坡、西畴等县。有大王岩崖画、狮子山崖画、弄卡崖画、普格崖画、大山上村崖画等。

大王岩崖画 大王岩崖画位于麻栗坡县城东1千米的羊角垴山的岩壁上,被中外专家誉为"色彩的奇迹,崖画的精品",1987年被列为云南省重点文物保护单位。画面依天然石壁绘制而成,分为两个画点:1号画点以红、白、黑三色绘制而成,可见图像25个,其中人物11个,牛3头,小动物2只,其他图案4个,符号5个。画面主体部位,绘有两个身高3米的直立巨大的傩人,外观为长发、裸体、两脚分开、双手下垂,手腕外翻,人物面部有黑色头发相衬托,用红、白二色分成上下两部分,由额到鼻部画垂直黑线,眼和眉毛用黑色颜料绘于两侧,面孔下面不画嘴型,看上去似无嘴又似有嘴,似无鼻又似有鼻。2号画点,位于1号画点右下侧20多米处,使用红色矿物质绘制而成,可见人物形象9个,符号4个,大部分图像高度在10到20厘米之间,最小的仅4厘米,人物不画五官,躯干呈三角形,四肢动态各异。

画面人物形象抽象生动、笔法简练、线条流畅,构图主题突出、色彩组合协调、布局意味深长,达到了极高的艺术效果,显示了文山古代先民丰富的想象力和艺术创造才能。

狮子山崖画　狮子山崖画位于丘北县曰者镇东面,绘制于狮子山彩云洞洞口的崖壁上,崖画分为上下两部分。

上部为武士图,用黑色颜料绘有身着甲胄,手持刀、剑、斧的武士数人,根据武士的形象和装束来判断,和史料上记载的宋代武士极其相似,应该是宋代武士。

下部为赤铁矿粉绘制的人飞鸟图,以红色线条勾画头、躯干、四肢,手臂各有两组羽毛纹饰,头部有冠状羽毛,纹饰不对称,呈上下翻飞状,

四、地方文化

似鸟儿在空中回旋翻飞，另有三条形象生动的娃娃鱼，两个抽象符号、树、太阳等图案。画面上最大的图案为62厘米，最小的为15厘米，崖画主体形象突出，线条朴素简洁，根据颜料和绘画风格来判断，应属于新石器时代的作品，具有较高的艺术研究价值。

弄卡崖画 弄卡崖画位于广南县珠琳镇弄卡自然村北约1千米山崖上，画点坐西朝东南向，使用颜料为掺拌动物血的赤铁矿粉，图像依天然洞壁从左至右分三处绘制。

左画点高3.7米，宽3.6米，可辨别图像26个，其中有上下翻飞的"人形飞鸟"及人物、动物、太阳、月亮、十字等符号图像。

中画点利用凹形岩壁绘成，少受风化和雨淋，图像较为清晰，保存较好。画点高3.6米，宽约2米，共计图像38个，画面最大的一幅是围猎图。左上角绘有一幅生殖器突出的女性人体。

右画点高3.6米，宽4米，由于受岩浆水的冲刷，图像已经模糊不清，仅能看到部分图像，有一人手牵动物和一似"蛙"的图像，在其脚下有一"同心圆"。弄卡崖画技法简单，画风随意、色彩单一，呈剪影形状，仅用几根粗略的线条，就基本抓住人物和动物的基本特征，具有较高的艺术研究价值。

普格崖画　普格崖画位于丘北县双龙营镇普格村西面3千米处的白石岩西面崖壁上，崖画距地面约14米，为赤铁矿粉掺动物血画成。整个画面高3.15米，宽2.25米，可识别图像24个，模糊难辨图像10余个。

主体图像为两人，头对立，上一人代表男性，下一人代表女性，手臂弯曲内卷，形似一幅交媾图。其上端有云纹，在主体图像左侧有一个人形图像，人圆头细颈，双臂伸开弯曲内卷，双腿分开上卷，双腿间画一"○"图案，旁边还有一幅舞蹈图，舞者动作一致，均弓腿、两臂屈肘上举，最大图像为领舞者，高60厘米，普格崖画较为抽象，内容反映是生殖和繁殖，初步推断为新石器时代的作品。

大山上村崖画　大山上村崖画位于砚山县平远镇大山上村后山岩壁上，崖画距地面6.3米，整个画面长20.5米，可分为11区，可识别图像230余个，其中黑色绘制的有12个，其余都为红

四、地方文化

色绘制。

崖画的主体图像为骑马图,周围附有大量的鸡、鸭、牛、羊、狗、鸟等图像。主体画面为4个骑着马的人物,以一条线半围起来,其中三个竖列排成一排,各有一个牵马者,上面两个人物头戴半圆形头冠,前方还绘有一个独自骑马人。画风古朴,布局别致,以一弯曲横线和四条竖直直线构成马的独特画法,更是简单、形象、生动。

3. 古洞经音乐

古洞经音乐,从明朝初年传入文山,迄今已有600多年的历史,其间大致经历了五个时期,即:明朝初年到康熙中叶的初传时期;康熙中叶到乾隆年间的渐盛时期;嘉庆到咸丰年间的鼎盛时期;同治年间到20世纪70年代的衰微时期;改革开放到至今的恢复创新时期。清代曾有诗云:"闻管弦之声早知开化,见礼仪之城共仰文山",《文山县志稿》(民国二十一年版):记载"文昌会。农历二月各地文人主办,城内会期3日,谈演《大洞仙经》末卷,拜礼《帝君心忏》;讽诵《文昌阴骘文》和《劝孝文》。"十年"文化大革命"期间,洞经音乐被视为封建迷信的糟粕,许多乐谱被毁，乐器被砸，艺人被迫害。1978年后，在一些热心人士的努力下，通过大量的抢救、搜集工作，文山洞经音乐得以重获生机，文山开化古洞经乐队已挖掘整理出古谱《大过板》《小过板》2支，古词《朝天子》《迎神腔》《吉祥音》《清风》《明月》等41支，创作新词《开经偈·赞三元洞》《朝天子·老君山联想》《降神腔·盘江神韵》等36支。马关马洒侬人古乐队，已挖掘整理正调24支，外调（别调）6支，曲目有《南京官》《满江红》《仙家乐》《胡月》《落地锦》《柳叶青》《增百福》《一窝兰》《透碧霄》等。广南句町古乐队，已挖掘整理成册的曲子已有100多支，曲目有《折桂令》《老桂调》《清河颂》等。

古洞经音乐最常用的乐器有双笛、箫、笙、鼓、镲、二胡、云锣、木鱼、古筝等，笛子曲调悠扬，古筝旋律轻快，锣鼓简短有力，各种音律抑扬顿挫、交响叠鸣，动人心弦，犹如品味一杯清茶，香远溢清、回味悠长；犹如穿越历史时空，畅游古今，醒悟人生。

4. 三七文化

文山是享有"南国神草"美誉的中药材"三七"

四、地方文化

的发源地、原产地和主产地,拥有600多年的应用和400多年的人工栽培历史,被誉为中国"三七之乡"。在漫长的历史过程中,文山各族人民在三七的种植生产、药物应用、餐饮美食上,逐渐形成了具有深厚历史文化内涵,极具地域特色的三七文化。

关于三七和三七的来源,文山境内的壮、苗、瑶、彝等各民族都有美丽的传说故事。据专家考评,三七为苗族最早发现并作为药物使用。

三七是五加科人参属植物,又名参田七、田七人参、金不换,是药用价值极高的传统名贵药材,是文山的一大生物资源。"三七"之名的由来,有金凤传七、仙女化身等诸多神话传说,也有苗族的"漆树"的"漆"而来的。从三七自身看"三七"之名主要从其自身而来。从外貌特征上说:"每茎上生七叶,下生三根,故名三七""三七恭城出,其叶七茎三故名。"从生长习性上说:"因需要三成光、七成阴的环境而命名""长三年,七月挖,叫三七";"三月出苗,七月收挖,称三七"。

三七,最早用药主要是野生采挖。人工栽培三七据考证始于明朝,由当时居住在文山老君山下的平坝居民率先栽培成功。三七对环境的适应性较差，它需要生长在高海拔低纬度，半阴潮湿的环境中，且对温度、土壤、湿度、降水有着极为严格的要求，在广袤的地球上，仅有我国西南地区的北回归线附近中高海拔地区适宜三七生长，也就是文山境内和周边少部分地区。其他地区曾试着移种过三七，但种出的三七无论是外形还是药用成分上都与文山三七有极大差别，只有文山才具备三七生长的独特自然环境，文山是三七的起源地，原产地。

在明代以前，文山各族人民已知道三七能治疗内外损伤，瘀血停留等病症，并积累了丰富的临床经验。后随着各民族间的交流和军旅、商贾的传播，三七才逐渐进入了中原地区。最早记载三七使用是明洪武年间（1378），赵宜真收集元朝杨清叟的《仙传外科秘方》，其"飞龙夺命丹"一方，配方中有三七。对三七首次有明确记载的著作是明代李时珍编撰的《本草纲目》。他在书中写道："此药近时始出，南人军中用为金疮要药，云有奇功。凡杖朴伤损，瘀血林立者，随即嚼烂罨之即止，青肿者即消散。若受杖时，先服一二

四、地方文化

钱,则血不冲心,产后服宜良"。此后,三七作为跌打损伤、活血化瘀的良药,广受推崇。清代,三七还被列为地方进贡朝廷的珍稀物品,源源不断地流入宫廷。1765 年,赵学敏在所著《本草纲目拾遗》中,还将三七和人参做比较,书中记载:人参补气第一,三七补血第一,味同而功亦等,故称人参三七,为中药之最珍贵者。四年后(1769年),黄宫绣在医疗的实践中发现,三七不仅可以止血,还能活血,他在著作《本草求真》中写道:"三七,世人仅知功能止血住痛。殊不知痛因血瘀而作,血因瘀散而血止。三七气味苦温,能于血分化其血瘀"。1860 年,清代著名医学家黄元御在所著《玉揪药解》中记载:"和营止血,通脉行瘀,行瘀血而敛新血。凡产后、经期、跌打、痈肿,一切瘀血皆破;凡吐衄、崩漏、刀伤、箭射,一切新血皆止"。清末民初著名中西医汇通派医家张锡纯在《医学衷中参西录》写道:三七,诸家多言性温,然单服其末数钱,未有觉温者。善化瘀血,又善止血妄行,为血衄要药,病愈后不至瘀血留于经络,证变血劳。兼治便下血,女子血崩,痢疾下血新红久不愈,肠中腐烂,形成溃疡。所下之痢色紫腥臭，杂以脂膜，此乃膜烂欲穿凡疮之毒在于骨者。皆可用三七托之外出也。到了民国初期，人们对三七的药用价值有了更为全面的认识。近代研究进一步发现三七有粗蛋白、粗脂肪、黄酮甙、皂甙等十一种微量元素及人体所必需的氨基酸，具有增加冠脉血流量，减少心肌耗氧量，抑制病毒、真菌生长等多种药理作用，三七也因此被逐渐广泛用于心血管病、神经病、炎症等多种疾病，现今以三七为原料配制的药物已达190余种，其中有享誉盛名的云南白药、片仔癀、血塞通、气血康等。

　　除药用价值外，三七在消除疲劳、滋补养颜方面也有非常显著的功效。在文山，人们常常把三七同其他食材结合在一起，烹饪出美味可口的药膳，从而达到药借食味、食助药性，变良药苦口为良药可口的效果。如三七汽锅鸡，三七炖血鸽、三七根炒肉、三七花茶、三七泡酒、三七醋等风味名肴、佳酿，已是家喻户晓。

　　三七文化又因三七种植技术的进一步发展，三七产品的进一步开发，三七药理研究的进一步深入，注入了更多新的内涵。随着科学技术、经

四、地方文化

济社会的发展,人们生活水平的提高,它必然会更加丰富、更加灿烂。

5. 铜鼓文化

"中原地区以鼎为尊,南方则以铜鼓为贵",据考证,铜鼓由铜釜演变而来,起源约于公元前8—7世纪(西周时期),由今云南中部偏西地区的"濮人""越人"首创,被誉为"国之重器"。所谓"有鼓者,号为'都老',群情推服",铜鼓是古代先民权力和财富的象征,是先民通灵祈福的圣物,是先民顶礼膜拜的神器,迄今已有2700多年历史。

文山是铜鼓的集大成之地,境内铜鼓数量之多、类型之全、分布之广、使用历史之悠久、制作工艺之精湛、文化内涵之丰富,实属罕见,得到了国内外学术界专家学者的广泛关注和认可。文山平坝、砚山大各大、丘北草皮村、广南沙果等地均有春秋战国时期的铜鼓出土。据统计,全州共出土、发现铜鼓145面,占到全国总数十分之一,其中春秋时期的铜鼓就有6面,位居云南之首。铜鼓造型优美、无底腹空、腰曲胸鼓、饱满厚重,在鼓面、鼓身、鼓耳上,铸有太阳纹、乳钉纹、弦纹、锯齿纹、云雷纹、圆涡纹、绳纹、网纹、编织纹等纹样，这些纹饰体现了人们的自然崇拜、宗教观念、精神追求，太阳纹置于鼓面中央，以合"天之诸神，以日为尊"之意，鼓边饰有青蛙，以求风调雨顺，五谷丰登。

1919年在广南黑支果阿章村出土的"竞渡鼓"，直径达68.5厘米，高46厘米，该鼓做工精良、造型端庄、纹饰精美、内涵深邃，鼓上有辫纹鼓耳两对，鼓胸上饰有四组船纹，每只船上有7—8人，手执羽仪，击鼓前行，被称为云南铜鼓之冠，现藏云南省博物馆，属国家一级文物、为镇馆之宝。铜鼓按不同形制和花纹，分为万家坝型、石寨山型、麻江型、北流型、冷水冲型、遵义型、灵山型、西蒙型8个类型。这8种类型的铜鼓在文山州内均有发现，这不仅在云南省，而且在全中国乃至广泛使用铜鼓的东南亚诸国都是绝无仅有的。经国内外专家论证：云南文山极有可能是"世界铜鼓"的起源地之一，同时还是古代中国与东南亚国家文化交流的重要通道。

文山铜鼓集冶金、铸造、美术、音乐、舞蹈、宗教为一体，融政治、经济、文化于一炉，形成

四、地方文化

丰富多彩和独具特色的铜鼓文化。《后汉书·马援列传》中载:"援好骑,善别名马,于交趾得骆越铜鼓"。道光《广南府志》中载:"铜鼓遗珍,在城隍庙。铜鼓为马伏波所遗,今夷寨尚有其器,夷民珍之。道光庚寅(1830年),有寨民相争互控于府,董太守断存城隍庙"。清代董国华作《铜鼓铭并序》诗云:"征南人去已千秋,铜鼓还教绝壤留,细巧花纹侔骆越,太平歌唱集蛮酋。摩挲尚有神灵气,剥蚀都无风雨尤,见说边城刁斗静,频将遗制溯鸿猷。"清代李熙龄作《铜鼓遗珍》诗云"伏波遗鼓制弥工,斑驳何曾蚀雨风,异代珍为夷俗乐,当年铸就汉家铜。摩挲遥想销兵气,歌唱长思立柱功,不朽勋名谁继美,千秋寄迹武侯同"。经考评,马援南征交趾"得骆越铜鼓"一事发生在文山州广南县境内,更是进一步印证了文山悠久的铜鼓历史和文化。

铜鼓在古代曾有多种用途,它既是权力和财富象征的"重器",也是祭器、乐器和炊具,人们用铜鼓传递信息、号令军阵,用铜鼓祭祀神灵,祈求平安,用铜鼓驱鬼压邪、消灾治病,用铜鼓敲击娱乐、烹煮食物等等,不胜枚举。《丘北县志》

载:沙人……遇有故,则击诸葛铜鼓为号,众则相助。清乾隆《开化府志》载:"击铜鼓、铜沙锣以祀神"。清道光《广南府志》载:"花土僚……自正月至二月击铜鼓跳舞为乐,谓之过小年"。铜鼓以其特有的作用,丰富了人们的文化生活。现今,文山地区的壮族、彝族普遍都还有保存和使用铜鼓的习俗,每当重大节庆和婚、丧等民俗活动,都要举行祭鼓以及跳铜鼓舞、唱铜鼓歌、喝铜鼓酒等。

文山铜鼓,可以说是一部多民族的文化典籍和无字的百科全书,不仅记载着文山先民对自然、社会、人生和宇宙万物的理解和认知,而且叙述着文山先民的爱恨情感,成为凝聚民族精神和民族情感的器物和载体,是文山一个极其重要的文化符号。

6. "那"文化

在句町的治所地域广南,以"那"命名的村寨有154个,如那么、那糯、那秧、那榔、那洒、那伦、那朵等等。"那"在壮语中是"稻田"的意思,它表明,在句町时代,生活在这一区域的人们就以稻作农业为其经济基础,可以说广南壮

四、地方文化

族的"那"文化,是句町稻作文明的延续。在现代的考古中,在这一区域发现了大量的稻谷碳化物和稻谷加工工具,出土了铜锄、铜铲、铜耒,在出土铜鼓装饰图上还可以看到牛纹,可以看到插秧、打谷、舂米的场景,牡宜汉墓出土的木制水田模型,更是证明当时的句町王国,垦田深受统治阶层的重视,句町先民已经熟练掌握了牛耕、灌溉稻田的技术。句町先民随"那"而居、依"那"而作、赖"那"而食,为有效进行"那"的耕作,保证稻谷丰收,句町先民还发明了龙骨车、天车等灌溉工具,现在在广南农村还可以看到它们仍然在发挥着作用。

在稻作生产的基础上,句町先民们在日常生活中,围绕稻米还创造出许多美食,如香粽、糍粑、饵块、扁米、竹筒饭、花米饭(用天然植物把米染成红、黄、紫、黑等颜色)、米酒等独特的饮食文化。

7. 青铜文化

文山出土了大量的精美的青铜器,从冶炼和铸造工艺、精美纹饰上,反映出其发达的青铜文明史。有出土于广南阿章村的西汉竞渡铜鼓,铸造工艺精湛，鼓体宏大、造型端庄，纹饰丰富、精美，现为云南省博物馆的重要藏品；出土于广南沙果村的两面春秋鼓（即公元前5—6世纪使用的万家坝型素面铜鼓），其中11号鼓，为全球18面最古老的铜鼓之一；出土于广南安美窝村小尖山的战国青铜墓群（出土铜柄铁刃剑、铜针、箭镞、铜弩机、铜矛、铜钺、羊角钮钟）；出土于广南牡宜村汉代木椁墓和青铜墓的铜灯、铜盘、骑士辫纹耳铜釜、铜锄等，青铜已被句町先民大量用于生产和生活中。

句町治所广南青铜器遗存之丰富，分布之广阔，世所罕见，其中以铜鼓为最，文山出土和存世的140余面铜鼓中，广南就占40余面。

（二）民族文化

1. 民族民间文学

文山各民族人民浸润在本民族生产生活的沃土之中，利用自己的民族语言和文字，创造出了反映本民族人民生产、生活、思想、感情和愿望的优秀文学艺术作品，内容涵盖民间故事、民间传说、诗歌、谚语等。

壮族，有反映人们对自然现象的认知和美好

生活向往的创世史诗《布洛朵》《古歌》《开天辟地》《谷种的来历》《三七姑娘的传说》《神捏泥做人》《千变万化》；有反抗暴政，摆脱奴役压迫的《侬智高》《九兄弟》；有歌颂领导人民抵御外敌侵略，保卫家园的英雄人物故事《李应珍的传说》；有反抗黑暗统治，讽刺统治阶级腐朽堕落、愚昧无知的《布荷》《螺蛳姑娘》。

壮族诗歌多为民间歌手创作，作品能熟练运用赋、比、兴等手法，前句铺陈、后句起兴，托物比喻、寓意深刻，主要流传的作品有《幽骚》《娅汪》《找茶种》《板拢和板栗》。

苗族，苗族民间流传着许多古老神奇的神话、传说、故事，它们深刻反映了苗族人民的生产生活实践和心理思想状态，具有丰富的文化内涵和文学价值。古歌有《苗族古歌》《苗族迁徙史诗》《指路歌》《王相与候保全》等；神话主要有《造人烟的故事》《公鸡和太阳》；传说主要有《扎里易俗》《踩花山的来历》《芦笙的传说》《孜尤的传说》；故事主要有《扎董不然》《诺施与龙女》《癞蛤蟆姑爷》《琛姑娘与瑙姑娘》《乔妮》《两兄弟》等。

彝族，彝族的神话故事主要有《祭祖节的由来》《找人种》《跳宫节》《牛是怎样被用来犁地的》；传说故事主要有《羊雄山的传说》《铜鼓舞的传说》《八寨王的故事》《智斗土司》；童话故事主要有《孔雀斗老虎》《智斗狼精》《聪明的马鹿》《狐狸和猴子》等等。

彝族民歌流传较广的有《木腊咪腊》《勒乌特依》《梅葛》《铜鼓歌》《娥拜姆晗与偌莫戛藤》《苏苏尼呆》等。

傣族，傣族民间流传着许多动人的故事传说，主要有：《祭龙的由来》《娜娥和三倮》《依叶和依玉》《龙卜冒》《每年尝新米先给狗吃的传说》《龙女的传说》《九条尾巴的狗》等等。

傣族习俗歌有《十二时辰（属相）歌》《四季物候歌》《四季劳作歌》《送瘟神送鬼歌》《喜筵酒歌》等等。情歌有《村寨恋歌》《琴声恋歌》《芹菜歌》等等。

居住在文山的其他少数民族也有丰富的民族民间文学，如瑶族的民间故事《伏羲兄妹》《千金与万两》《丁兰》《文隆》；白族的民间故事《系围腰的来历》《水围寺》《独眼龙》《果松大树》；

四、地方文化

仡佬族的民间故事《花子闹寿席》《守玉麦》《小勇杀大蟒》《敬牛节》等等，它们共同构成了文山少数民族的文学宝库。

新中国成立后。在党委和政府的重视和各族文学工作者的努力下，已陆续编辑出版了文山《民间长诗集》(1—3集)、《民间故事集》(1—3集)、《民间歌谣集》(1集)、《壮族民间故事选》《苗族民间故事选》《娥拜姆哈》《七乡风物传说》等书籍，使文山民族文学得到了很好的传承、保护和发展。

2. **书面文学**

文山的书面文学创作，同样发端较早，从古代到现代，涌现出了像陈鼎、方玉润、李熙文、龚发举等一批有代表性、有影响力的文人学者，更走出了楚图南、柯仲平这样享誉国内外的文学大家。而文山历史上文人墨客、乡党名士所创作的诗词曲赋、小说、戏剧等同样丰富多彩，具有相当的文学造诣和水平。

明代，马关八寨教化土司龙上登，亲撰《龙马山碑》推崇孟子，直言"公论不泯"，阐明孟子"君应视臣如手足，则臣视君如心腹，况君以土芥视臣,而臣岂不以寇仇视君乎"的理论,肯定孟子"君有大过,谏之不听则易位"的主张,赞同"民贵、君轻"之说,他改宗祠为圣庙,带领族人苦读诗书,使土司领地逐渐兴起了尊孔读经的风气。

清代晚期,广南籍人方玉润,字友石,自幼聪慧过人、博学多才、文韬武略、才华出众,曾为荆楚大营募宾,后受曾国藩赏识,重金聘请其为江南大营募宾,但因其看不惯官场的腐败势力、尔虞我诈,婉言谢绝邀请。1865年,游历到陕西陇州,受州郡守挽留,担任陇西州州判,在五峰书院讲学。他一生治学严谨,笔耕不辍,著有《诗经原始》《书维》《礼维》《唐诗维》《风雨怀人集》《星烈日记》《太极元枢》《鸿蒙室诗抄》等学术论著36部,后统收入《泓濛丛书》,尤其是《诗经原始》奠定其晚清名诗学家地位,至今仍在文学界有一定影响。

清代晚期,文山籍人李熙文,字叔豹。自幼勤敏好学,能文工诗,同治九年(1871年)中举,十三年补选进士,点翰林院庶吉士。他年少时游走祖国四方,亲历动荡战乱,关心民众疾

四、地方文化

苦，写下许多忧国忧民，直抒情怀的壮丽诗篇。现有134首诗流传于世，存于《石莲斋诗草》《经吹堂新稿》两集，被收入《云南丛书·集部》六十六卷。

清末和民国之交，文山籍人龚发举，诗作意境较深，堪称文山的"书苑大家"。撰写文山五子祠190字长联，堪称佳作。

1949年以后，文山的文学创作有了长足的发展，部分从解放云南的中国人民解放军队伍中转业到地方工作和从内地到文山工作的以及文山本地的机关干部、教师、工人、农民等纷纷拿起笔，记录翻身解放的文山各民族人民在中国共产党的领导下开展土地革命、建设新生活的动人场景，抒发自己内心的感情，讴歌社会主义的新时代。1953年创刊的《文山报》，专门开设了文学副刊，发表文山本地作者的文学作品。1981年，文山壮族苗族自治州文学艺术界联合会成立并编辑出版内部文学期刊《山梅》。其间《山梅》几经变化，1989年，文山文联编辑出版的文学期刊正式定名为《含笑花》，为双月刊，国内外公开发行。几十年来，通过《含笑花》这一阵地和平台，培养了一大批文山本土的文学创作者和作家，极大地促进和推动了文山本土的文学创作。文山各民族都有了自己本民族的作家和诗人，有了反映本民族社会生活的小说、诗歌、散文以及电影电视剧。

1998年开始，文山各县相继成立了文学艺术界联合会并都编辑出版了内部发行的文学期刊，文山的文学创作进入了一个新的发展时期。

（三）民族技艺

1. 壮锦

壮锦，壮语称为"巴莱发"，意为天纹之页。

壮锦起源比较早，《汉书·地理志》就有壮家"男耕女织"的记载，"男子耕农，种稻麻，女子桑蚕织绩"，到唐宋时代壮锦趋于成熟，明时织有龙、凤图纹的壮锦被作为贡品誉满岭南，至今已有1000余年的历史，是壮族民间工艺文化的珍品，是壮族古老而优秀的文化遗产之一，与四川的蜀锦、南京的云锦、苏州的宋锦，并称为"中国四大名锦"。因制作手段的不同，壮锦可分为织锦和绣锦，织锦以细纱为经，丝线为纬，经线一般为原色，纬线按构思配置不同颜色的彩线，彩线的染料取之于植物的根、茎、叶、花，

四、地方文化

色彩艳丽;绣锦是在织好的土布或织锦上,用五彩丝线精心绣上各种美丽图案,图案构图严谨、题材广泛、纹理清晰、色泽富丽,可谓是锦上添花,美上加美。

关于壮锦的来源,还有一个美丽的传说。据说在远古时候,住在大山脚下的一位壮族老阿妈,与三个儿子相依为命。老妈妈织工手艺精湛,她织出来的壮锦,上面有房屋、花园、田地、果园、菜园和鱼塘,还有鸡鸭牛羊。有一天,一阵大风把壮锦卷向了东方的天边,原来是那里的一群仙女要拿壮锦做样子学织锦。老妈妈先后让大儿子和二儿子出发去寻找壮锦,但他们都畏惧路途艰辛,拿着钱到城里享乐去了。后来,三儿子在大石马的帮助下,越过火山和大海,来到仙女们聚居的地方,看到红衣仙女们正拿着老妈妈的壮锦在模仿织锦,于是老三趁仙女们不注意,拿走了自己家的壮锦,骑马回到老妈妈的身边。当老三回到家中时,壮锦在阳光下渐渐地变宽变大,变成了美丽的家园。而让老三没想到的是,仙女因太喜欢老妈妈的壮锦,已偷偷在壮锦上绣下了自己的样子,被老三带回家中。这样老三就跟她结为夫妻，过上了男耕女织的幸福生活。

文山壮锦在编制技艺上，继承了传统的织造器械和编织工艺，结实耐用，被广泛应用于服饰、背带、门帘、围腰、被里、鞋帽、挎包等。大理国时期，在今富宁百油、那旦、常弄、登会等4个地方设立"易马市场"，壮布、壮锦从"易马市场"销往省内外。清代沈自霖《粤西琐记》中写道："壮女手艺颇工，染丝织锦五彩烂然，与缂无异，可为补充茵褥。凡贵宦富商，莫不争购之。"

文山壮锦图案众多、构思独特、结构严谨、色彩斑斓，传统的图案有水纹、云纹、花纹、回字纹、方格纹、虫、鱼、鸟、兽，较为复杂的有双凤朝阳、鸳鸯戏水、四鱼穿莲、鹤鱼荷花、双龙抢珠、子鹿穿山、团龙飞凤、穿珠莲花等，展示了壮族人民丰富的艺术想象力，具有浓郁的乡土气息和地方民族特色，生动地体现了壮族人民对天地、自然神灵的信仰，对美好生活的追求和向往。

2. 苗族蜡染

文山地区的苗族蜡染工艺极富特色，是苗族服饰工艺的重要组成部分。传统染织用料多为自

四、地方文化

种自织的麻布，染料皆为所在山区的蓝靛植物。

苗族服饰不仅是苗族人民的聪明才智与天、地、自然结合的产物，更重要的是它是记录苗族古往今来生活历程的形象书本。传说过去苗族没有用文字记载的历史，聪明的苗族妇女别出心裁，用蜡刀做笔，花纹为字，彩布条为记号来记述祖先不断迁徙的艰难历程。因此也就流传下了美丽的苗族服饰。

苗族服饰工艺中，蜡染占有很大的比重。丰富的蜡染纹样再配上秀美鲜艳的刺绣、彩珠的点缀，更是锦上添花，极有民族特色。

苗族的衣、裙、裤等布料，都是自己上山种麻，通过采割、剥麻、纺线、织布、画蜡染色，再缝制成衣。妇女不会纺织，就意味着一家人没衣穿；姑娘不会纺织、挑花刺绣、点蜡画线，小伙子就看不上，就嫁不出去。所以，苗族女孩子自幼便随母亲学习纺线、织布、挑花、点蜡、缝衣制裙等技艺，这种风俗在多数苗族地区仍延续至今。

蜡染技艺是在麻布上根据经纬线走向，用蜡刀蘸蜂蜡点画图案后，才在蓝靛染料中反复多次着染，再进行脱蜡、漂洗、晒干完成。在浸染过程中，描蜡部分不受色，这样，在蓝色底布上就会形成白色的纹样，美丽的图案也就清晰地呈现出来了。苗族蜡染纹样手法多变、组合严谨。常见的几何图案有十字纹、方块纹、锯齿纹、太阳纹、山城纹、蕨菜纹，也有花、草、虫、鸟、八卦等纹样。纹样多以点和线组成二方连续图案，这种连绵不断的图案给人一种有序的节奏感。

苗族传统的蜡染图案，朴素大方，清新活泼，带有泥土芳香的特点，是苗族人民用于表达其审美理想的装饰手段。

3. **苗绣**

苗族刺绣的渊源与传说中的苗民南迁有关。据说从前有一位名叫诗兰娟的苗族妇女，为记住南迁的历程，每翻过一座山、渡过一条江河都在自己的衣服某个部位缝下一个记号：在渡过黄河时在自己左手袖子缝上一条黄线，渡过长江时在右手袖子绣上一根蓝线，渡过洞庭湖时在胸口上绣一个湖泊形状的图案，大花代表曾经住过的京城，交错的条纹代表田埂，花点代表谷穗，还有水井、水塘、道路等。后来，大家都以此为原型学着绣制，每个苗家姑娘出嫁时都要穿上一身自

四、地方文化

己亲手绣制的盛装,以表达对故土、前辈的缅怀,因此,苗族刺绣被誉为"穿在身上的无字史书"。文字只是传达信息的符号,苗族虽然没有属于自己的文字,却有属于自己的独特的原始艺术文化——刺绣,它是能够与文字并驾齐驱的文明传承。苗族姑娘爱绣花,而且人人会绣花。苗村,家家户户都种桑养蚕,自己抽蚕丝并染成各种颜色的丝线用于绣花。由于受其环境的熏陶,苗族姑娘从四五岁就跟着她们的母亲和姐姐学绣花,到了七八岁,她们的绣品就可以镶在自己或别人的衣裙上了。

苗族的挑花与刺绣,也称为苗绣。苗绣图形主要是规则的几何图案,而花草图案极少。几何图案的局部图形有直线、方形、棱形、螺形、十字型等。妇女们绣花不用打底稿,不必描绘草图,完全凭她们天生的悟性,娴熟的技艺,非凡的记忆力,数着底布上的经纬线来绣。而且,凭着她们丰富的想象力,运筹帷幄,谋篇布局,将一个个单独的、局部的图形巧妙组合,形成一个完美的、丰满的绣品,使之达到和谐完美的境地。

苗绣完全讲究对称美、充实美、艳丽美。所

谓对称美，就是绣品上下左右不论图形、色彩、空间完全要求对称。所谓充实美，就是整个绣品周围不留空间，内部填满。所谓艳丽美，就是用色大胆，大红大绿。

挑花是苗绣的一个分支，是依据底布的经线和纬线交叉形成的网络，用丝线或棉线挑出图案的一种工艺手法。挑花以"×"字形（通称为"十字花"）或是以"一"字形（通称为"平挑花"）为最小单位（通称为"针脚"）。由这些最小单位连续起来，延伸开去而组成整齐美观的服饰图案。

挑花刺绣用来镶嵌在服装的衣领、衣襟、衣袖、帕边、裙脚、护腿边等部位，另外，也可以用来缝制挎包、钱包等。一件布料价格平平的上衣，一条普通麻布缝制的百褶裙，一旦镶上这些绣品，便会光彩夺目，身价百倍。

（四）民族戏剧

1. 壮族戏剧

壮族戏剧有富宁土戏、广南沙戏、文山乐西土戏三个分支。从产生到形成，至今已有200多年的历史。云南壮剧的产生和形成，与壮族"稻

四、地方文化

作文化"中的壮族饮食、礼仪、民俗、宗教信仰、文化艺术,以及心理素质都有着密切的关系。

壮剧是云南壮族人民的戏曲剧种,深受壮族人民和其他民族人民的喜爱,属自娱自乐的群众文化活动的艺术形式之一,一般在农历正月至三月或过小年(农历二月)、"陇端节""花街节"等节庆时演出,平时也有受邀到其他村寨交流演出或遇婚丧嫁娶时受邀出演的。云南壮剧在漫长的发展过程中,形成了一套完整的演出习俗,其内容都是消灾祈福、驱鬼除邪,保佑平安之类。但因三个分支活动的地域不同,演出习俗也存在着一些差异。

富宁土戏,壮语自称"相侬"或"相布侬","土戏"为他称。主要分布在富宁县的剥隘、皈朝、那能、花甲、洞波、谷拉、板仑、阿用、新华等乡镇的壮族村寨。富宁土戏有"哎侬呀""哎的咴""乖嗨咧""侬嗬嗨"四种腔调。富宁土戏生、旦、净、丑行当俱全;乐器分文乐和武乐两部分,文乐使用马骨胡、土胡、葫芦胡、笛子、三弦等;武乐有土堂鼓、土锣、土钹等。道具有刀、枪、剑、鞭、棍、斧、戟等。富宁壮族传统"陇端节"中,壮剧演出是主要活动内容,故民间有"陇端必有戏,无戏不陇端"之说。20世纪五六十年代农业合作社化和人民公社化时期,富宁全县有土戏班共130多个,为最鼎盛时期,农村呈现出大演大唱社会主义的热闹景象。

广南沙戏,壮语自称"相依"或"相雅依"。主要产生和流行在广南县北部和东部的部分壮族(沙支系)村寨,依其地理位置,分为北路沙戏和东路沙戏。形成于清光绪年间,有底圩、者卡、弄追、西松、坡佣、普千、里扣、乐贡等戏班。1957年成立了板蚌戏班。北路沙戏主要有"乖哥来""侬阿妮"等曲调;东路沙戏主要有"哎依呀""乖嗨咧"等曲调。演出有"文不离扇,武不离刀"的口诀;表演有"侧身出场,台中亮相,先礼后唱,拜揖下场"的套路。

乐西土戏,壮语自称"戏布傣",产生流行于文山县德厚的乐西村。形成于清光绪年间,已有100多年的历史。音乐主要有"阿西调""悲调""喜调""催场调"等曲调。乐西土戏具有独特的演出习俗和古朴的表演风格。中国戏曲研究者称"乐西土戏是中国戏曲后花园中的活化石。"

四、地方文化

云南壮剧的剧目十分丰富,据《云南壮剧志》载,云南壮剧的剧目有一千多出。取材相当广泛,有的取材于汉族的历史演义小说,如《三国演义》《说唐全传》《西征》《东征》等;有的取材于民间唱本,如《柳荫记》《香山记》《摇钱树》等;有的取材于民间生活故事,如《双看相》《双开店》《金沙帕》等;有的取材于壮族历史英雄故事,如《侬智高》《温大林》等。

壮剧是云南壮族民间的艺术瑰宝,它综合了壮族山歌、舞蹈、音乐、说唱、民间故事和民间传说等艺术形式。同时,不断融会吸收了外来戏剧艺术的长处,在长期的发展中具备了戏剧的各类元素,是一种比较成熟的艺术形式,在艺术方面具有极为宝贵的价值。1960 年,文山州壮剧团成立,是云南省壮剧从业余走向专业的重要标志,几十年来已创作演出了《螺蛳姑娘》《三七姑娘》《野鸭湖》等几十台壮剧剧目,获得了省级和国家级奖励,收到了很好的社会效果。同时培养了一批壮剧专业技术人才。

2. **花灯剧**

花灯剧是文山群众喜闻乐见的民间歌舞小戏。

它的一部分曲调，来自明清小曲。这些小曲传入文山后，与文山的方音、风土人情结合，后来演变成花灯曲调的一个重要组成部分。文山花灯最具代表的是丘北花灯。据史料记载，丘北花灯大致形成于清光绪年间，民国时期达到鼎盛，新中国成立后，丘北花灯剧得到了较大发展。1957年，丘北县成立了专业花灯剧团。

据《丘北县志》（1999年版）记载："丘北花灯原称为唱灯，以唱为主，花灯曲调与小调一样，从正月唱到十二月，一气唱完，中间无一句说白"。丘北花灯主要使用汉、彝两种语言，用彝语唱的花灯主要集中在树皮、双龙营、腻脚等乡镇的彝族村寨。在丘北花灯的发展过程中，许多外地的曲调流入丘北，如江浙一带的《孟姜女》《采茶调》，安徽的《花鼓调》等，融入了许多地方的民歌、山歌，形成了具有丘北本地特色的曲调；吸收、融合广南民歌《赶马调》，官寨民歌《雾露天》的声腔、旋律，演变而来的花灯调《拐妹调》《放羊调》；吸收、融合彝族山歌《牙骨筷子一小双》声腔、旋律，演变而来的花灯调《恭贺词》《打戒箍》。

四、地方文化

随着时代的发展，花灯剧除传统剧目外，又创作了《情深旗艳》《爱四化》《爷孙送菜》《纯喜爱情》《含笑忆当年》等新剧目，其中尤其以《歌满七园》《盘江春》的创作尤具代表性。

花灯剧艺术形式短小活泼，融歌、舞、戏于一体，乡土气息浓郁，唱腔优美动听，更以一种独特的"灯"味深受文山当地群众的喜爱。

3. 梓潼戏

梓潼戏是傩戏的一种别称，被称为"戏剧活化石"。"乃属道巫设坛祭祀、酬愿还愿、祭祀神灵、祈福消灾，安神谢土、保佑主家人畜平安、五谷丰登的一种宗教仪式。梓潼阳戏将神的内容衍化为容易被人接受的世俗内容，将神俗人化，并借助汉族民间歌舞、戏曲表演手段，达到宣传巫教和既娱神又娱人的目的。"它融法事礼仪和戏曲表演、娱神活动与娱人活动于一体，主要流传在四川梓潼县及附近地区，具有浓厚的地方文化色彩。清朝同治年间，梓潼一位阳戏传人叶德清带班出门到云南，最后扎根云南文山境内，与少数民族文化融合成为一种地方戏剧。文山主要流传于西畴县、麻栗坡县和广南县。

《周礼·夏官司马》中记载:"方相氏掌蒙熊皮,黄金四目,玄衣朱裳,执戈扬盾,师百隶而司傩,以索室逐疫。"一旦傩祭开始,上至天子,下至庶民,全都热情参与。一时间击鼓呼噪,举国若狂。《论语·乡党》中记载着孔夫子当时看乡人傩的情景,"乡人傩,朝服而立于阼阶"。就因为傩是驱鬼祭神的活动,所以孔子也要恭恭敬敬。傩:古书解为驱鬼逐疫,意为帮助解难的行为。古老的图腾崇拜和鬼神信仰,使古人总是习惯于借助这种神秘力量来达到自己的美好愿望,辅之以歌舞,便是最初的傩戏。

梓潼阳戏奉"四圣"(川主、土主、药王、文昌)为戏神,一般求新婚,婚后不育,有女无男或童子久病不愈的人家邀请演出,意在求子还愿、祈神赐福。演出前在主家堂屋神龛上供奉"梓潼帝君"神像,两旁置木雕"太子",唱开坛(百花诗),继由点台"仙官""灵官"出场完成点台仪式,方正式演出,休息时唱"歇坛诗"。唱全本戏须三昼夜,也可唱七昼夜。全戏演完举行"登殿"仪式,被封为梓潼帝君的陈子春及众神在神前就位,由坛师将两个木雕太子赐给求子求福夫

四、地方文化

妇，演出结束。演出剧目有陈景堂红班《梓潼戏全集》、普店戏班《梓潼戏全部》，两者均叙述唐肃宗至德年间驸马陈子春一家悲欢离合，团圆封神的故事。

梓潼戏剧中还包含了大量的伦理道德和生产生活知识，戏中将精彩的戏剧情节和动听的伴奏唱腔融为一体，很受民众喜爱，具有极高的戏曲、民俗、宗教等研究价值和开发利用价值。

（五）民族节日

1. 女子节祭太阳

女子节，是西畴县上果村壮族的传统节庆。该村位于文山州西畴县城西洒镇东向10千米。

女子节，起源于母系氏族社会先民对太阳的崇拜，是壮族原生宗教和女性崇拜的载体，是远古母系氏族社会的遗风，是女性成丁的祭祀礼仪，曾经历过石器时代、青铜器时代、铁器时代。据口传古歌记载，在唐、宋、元、明、清的各个朝代，该村仍然传承祭太阳活动，已有2000多年的历史。

祭太阳有固定的程序，每年农历二月初一上午，蒸制黄色的糯米饭作供品。中午，18岁以上的女性必须到村前的小河里沐浴净身后，穿上传统民族盛装。下午,女人们爬到太阳山顶,清理祭祀场地、摆设供品。太阳当顶,女人们唱诵《祭祀太阳古歌》。太阳偏西,参加活动的女人分享供品,吃黄色糯米饭。凡吃过黄色糯米饭供品的女人,可以履行女人的天职。祭日,村里的男人们专为女人服务,在早期太阳女神沐浴的河滩上,制作传统美食等待女人们归来。傍晚,女人们在河滩上陪太阳女神共进晚餐。晚餐后开展传统歌舞活动。农历二月初二至初五日,该村的未婚姑娘们相互邀约去赶"圩丹滇",以歌择偶。祭太阳活动的传承方式是群体世代相传,母女相传。祭祀的目的是祈求人神共娱、风调雨顺、人丁兴旺。

祭太阳活动是远古母系氏族社会的遗风,已成为壮族历史文化的"活化石",从中可透视人类早期的民风民俗,为研究壮族历史、文化、艺术提供鲜活的史料,同时对于继承和发扬民族的优秀传统文化,保留民族文化多样性具有十分重要的意义。

2. 壮族花街节

壮族花街节,也称三月三节,于每年农历的三月初三举行。壮语称"圩处""圩少冒""陇端"

四、地方文化

等等,意思是"祭竜节的街市""少男少女的街市"。每年农历三月初三,文山各地的壮家人都会举行隆重、盛大的传统赶花街活动,其中以广南县的那伦、旧莫、者兔和珠琳镇的甲板,富宁的剥隘、皈朝等地为盛。节日活动期间壮家人要举行祭竜祭祀仪式,要制作鲜艳芳香、松软可口的五色糯米饭,染彩蛋欢度节日。壮族的男女老少都会身着盛装云集街市观赏壮剧,青年男女则三五成群,在街头巷尾、田间地头、河畔溪边,互找对象以歌对答,通过对唱情歌、寻觅知音,当感到相互爱慕、情真意切,就互换信物,结成良缘。为此,花街又叫歌街,亦称"赶风流街""壮族情人节"。

3. 苗族踩花山

苗族花山节,亦称踩花山,苗语为"诟道"或"厚道",是苗族一年一度最为隆重的传统节日。

花山节举办时间为农历正月初二至初八期间,一般3—5天。花山节活动有"立杆""祭杆""闹杆""收杆"四个程序,每个程序都有特定的内容,尤以"祭杆"和"闹杆"最为隆重。

花山节活动集民间文学、民间歌谣、民间舞蹈、民间音乐、服饰展示、体育竞技等传统文化于一体,内容丰富多彩,极富特色。关于花山节的由来,有这样一个传说:在远古时期,苗族居住在辽阔的平原地带,苗家首领叫蒙蚩尤。他有8个姑娘,9个儿子。儿女们个个身强力壮、美丽大方,且能歌善舞,武艺高强。后来在一次保护苗族人民利益的战争中8个姑娘和9个儿子不幸全部牺牲。为了纪念和祭奠在这次战斗中牺牲的儿女和勇士们,蒙蚩尤规定每年在他们牺牲的日子立花杆,举行祭奠仪式,同时集中演习苗家的传统武术,以提高作战本领。这样年复一年,逐渐形成了花山节沿袭至今。文山境内苗族聚居的村寨几乎年年都要举办花山节。

按传统习俗,花山节活动要进行三道祭仪式:一祭苗家列祖列宗;二祭历代英雄豪杰;三祭天上神龙、地上田公地母。接下来还有苗家的"拉彩"(姑娘)、"拉哆"(小伙)向宾客、朋友敬酒。届时,边敬酒边唱:一敬各方宾客,亲朋好友;二敬父母长辈,兄弟姐妹。最后闹杆时,有跳芦笙舞、对唱民歌、体育竞技表演,有爬花杆、斗牛、倒踢脚、打陀螺、篾弹弓、射弩、斗画眉鸟等比赛活动。花山节也是苗家"拉彩""拉哆"交友寻伴侣的好时机。

整个花山节活动不但展现了苗族同胞多姿多彩的民间传统文化、日新月异的生活和健康向上的精神风貌，折射出苗族祖先蚩尤与黄帝逐鹿中原的历史，也反映出苗族迁徙历史的艰辛与奋起的民族精神，让人从浓郁的民族风情中领略到苗家数千年的历史风情和丰富的民间传统文化。同时，也丰富了春节期间各族人民的文化生活，增强各族人民的交往，增进各民族的友谊，维护民族团结，对促进各民族共同发展进步具有重要作用。

4. 闹兜阳节

闹兜阳节是文山苗族在每年的农历五月初五举行的节日庆典和民间祭祀活动。

传说很久很久以前，有一个很有本领的子尤（男子汉）叫兜阳。其母怀胎13个月，在初暑降临于世，其父为他取名"兜阳"，"兜阳"是指能指引人们走向光明之义。兜阳聪明伶俐，长得眉清目秀，惹人喜爱，从小好学上进，其父为其请了很多资深博学师傅，传授他治家理国思想，长大后他精通天文地理，熟练人间世事，擅于行医,秉公执事,深得苗族众人厚爱。为了历练意志,解救众人苦难,他云游四方,四处行善。自始至终为民众解惑释疑,帮扶济困,扶植民众生产,拯救人间苦难,他的功德与思想深得民心。

后来人们觉得他很辛劳,又非常值得敬重,由于兜阳常年出门在外多有不便,人们就选了一只身体健壮且很听话的大花狗送给了兜阳,让大花狗陪伴他的旅途,大花狗一直尽职尽责,天天为兜阳领路和保护他的安全。随着大花狗的年龄不断增长,大花狗也慢慢老去。

由于兜阳的本领高强,曾经也让人嫉妒,特别是官府也纷纷找来各种各样的借口进行驱赶与迫害,但是兜阳心胸宽广,把他人的猜疑与嫉妒抛之脑后,依然执着地坚持他的修身理念,仍然云游四海。不过年岁不饶人,兜阳也慢慢老去,只能蹒跚行进。

又到初署时节,他在云游过程中,因过桥不慎跌河落水。这一天正是五月初五,傍晚时分天色渐暗,兜阳做完事务后正赶往下一村寨,就在涉水过桥时不慎跌入水中,碰巧有一对做活回来的夫妇发现河水中有人挣扎,随着河水翻滚而下,

四、地方文化

当时这对夫妇也不清楚落水者是谁,只凭着人性直觉,紧急之中大声呼救,召集村民前来营救,经过村民的积极寻找与搜索,漆黑的夜色伴随波涛汹涌的洪水,依然没有发现半个人影。次日,有人落水消息不胫而走,闻信而来的人们集聚河边,人们根据兜阳的行踪轨迹进行分析和对比,最后做出判断确信落水者是兜阳。于是人们又继续再次搜寻,虽然人们又辛辛苦苦地搜索了许多天,但是依然没有找到兜阳的尸体。

由于没有找到兜阳的尸体,人们很惋惜,但又很无奈,完全沉入悲痛之中,只能默认兜阳已经死亡。没有兜阳的尸体,人们又无法为他举行葬礼,心里伤感至极,后来经过商议,只能按照传统习俗为他举行招魂仪式,为他超度亡灵,希望兜阳能够按照习俗礼仪回到祖宗的圣地,认祖归宗,不在野外做孤魂野鬼。

人们公认兜阳聪明伶俐,心地尚良,秉公执事,治家有方,气节高尚,精神可塑,值得广大众人敬仰。于是,经过集体商议统一意见,为了不使兜阳孤独苦闷而又能坚守其信仰,人们便采用先前花狗领路的模式让其亡灵继续进行云游授人智慧，于是用一只大花狗来举办招魂祭奠兜阳，让大花狗陪伴兜阳的灵魂，庇佑人间安康，幸福美满。后来祭祀兜阳活动便慢慢延续下来，形成固定习俗"闹兜阳"。

5. **彝族火把节**

火把节是彝族隆重的节日，据彝族太阳历记载，农历六月二十四是太阳在运行轨道上最正的一天，正午时太阳射到人身上看不到自己的影子，所以把这天当作最喜庆的日子。这天，彝族的男女老少都会穿上节日的盛装，集聚到指定场所，斗牛、赛马、唱山歌、跳弦子舞，晚上人们举着点燃的松明子火把，男女相互追逐嬉戏，以表示亲切和吉祥，此外，人们还举着火把巡绕住宅周围、田间地头以灭虫除害、驱邪消灾，祈求六畜兴旺、五谷丰登，然后成群的人们在空旷的场地上，将许多火把堆成火塔，围着篝火，尽情歌舞，通宵达旦。

6. **瑶族盘王节**

文山瑶族在每年的农历十月十六日这天，都要举行祭祀祖先盘瓠的神圣节日——盘王节。盘王是瑶族心中永恒而温暖的神灵，节日来源于一个美丽动人的传说，传说"盘瓠"替远古高辛帝杀死叛乱的戎吴将军而成为皇帝的女婿，受封"南京会稽，出十宝殿"为王。他与公主生下六男六女，传下瑶族十二姓，即：盘、李、邓、赵、蒋、郑、包、周、冯、胡、雷、蒲，被瑶族先民们尊奉为盘王。后盘王狩猎不慎被羚羊触下山崖身亡，瑶族子孙们为了纪念他，每到十月中旬，便会聚在一起，摇动长鼓，吹响笙歌、载歌载舞，追悼盘王，并祈祷来年风调雨顺、五谷丰登。

7. 傣族锦库节

锦库，傣语的意思是"娘娘姑妈"，是傣家人接亲访友、祭祀祖先、对歌寻侣的节日。傣族民间有句谚语"锦蒋召勐素，锦库召勐夯"，锦库节是文山傣族一年一度最隆重、最盛大的节日，据考证迄今已有400多年的历史。节日在每年农历六月二十三日这一天举行，节日头一天各家各户就要派出代表把出嫁在外的女儿、妹妹、姑姑接回家过节，吃团圆的花米饭。节日当天傣族各家各户都要杀鸡宰鸭、染五色花糯米饭，摆下酒席敬献囡娥女神和"布疑召库"，祈祷保佑来年风调雨顺、平平安安。节日期间傣家人还会求火把魂,给家人栓上"五花线"驱灾避邪,而傣家年青的卜少、卜冒们会身着传统的民族盛装,背上三弦,三三两两相约到寨头开展对歌恋情活动。

(六)民族歌舞

文山州各少数民族都非常能歌善舞,因为各个少数民族的生活习惯与风俗不同,各少数民族的歌舞风格在不同的地理环境、社会生活、风俗习惯和各自的经济文化条件而有较大差异,各民族的歌舞各具特色。

1. 坡芽歌书

坡芽村,一个壮族聚居的村庄,坐落于云南省文山壮族苗族自治州富宁县剥隘镇的大山之中。这里的村民淳朴、好客,保留着传统的壮族礼仪和民族风俗。2006年,富宁县在对全县壮族文化资源进行全面普查时,坡芽村一块绘制有许多图案、被当地人当作歌谱的土布,吸引住了普查者的眼光,这就是神奇的"坡芽歌书"。"歌书"是当地村民用削尖的竹签蘸上红色的仙人掌的汁液,在白色土布上绘上月亮、星辰、鸳鸯、飞鸟、竹笋、稻叶、花草、树木、房屋、农具等日常生活中随处可见可用的81个图案制作而成,各个图

四、地方文化

案笔法简洁、形象生动，壮语称为"布瓦吩"，意为"把花纹图案绘在土布上的山歌"。歌书上每一个图案符号都代表一首山歌，81幅图案就记录着81首在当地普遍传唱的壮族情歌，其内容是这首歌的歌词，只要见到相应的图案，即可唱诵整首山歌。81首情歌分男唱41首，女唱39首，末首为男女合唱，歌书中的山歌有三言句、五言句和七言句不等，歌曲最短的有4行，20字，最长的达30行，150字，81个图案符号代表的是700多行的歌。在富宁壮乡，人们通过山歌来抒发感情，通过山歌来度过闲暇的时光，通过山歌来选择伴侣，他们的歌声生态古朴、纯净天然。

"坡芽歌书"实际上就是一部以两个相爱的人物为主线的爱情民歌集，它记录着一对男女青年从相知、相恋、相守，一直到白头偕老的过程，贯穿着人的一生，每个符号都记载着人生不同的成长经历。

如"坡芽歌书"上的鸳鸯图案，其记录的歌词为：

绿头俩鸳鸯，伸头戏泉汪。引颈泉流上，下河巧梳妆。我俩同方向，命定结成双。十泉注成池，百池汇成塘,泥堤不塌方。百年当一年,别说各一方。

"坡芽歌书"上的竹子图案,其记录的歌词为:

沿河片下走,青竹十五丛。没见哪根直,没见哪节匀。独见这根直,单见这节匀。见你就爱怜,最爱你双眼,双唇更好看。双唇似欲言,双唇动笑靥。肤色白如棉,棉絮嫌黯淡。妹脸白又嫩,俏丽谁比攀?

"坡芽歌书"上的韭菜图案,其记录的歌词为:

哥若要问起,阿妈生独女。树梢剩只果,树顶余一粟。旱田萍一叶,废园韭一根。谁像我伶仃?伶仃难为情,孤单懒得论。说与哥脸红,羞与哥作声。

"坡芽歌书"上的双生笋图案,其记录的歌词为:

两棵树同生,两支笋共生。我俩同时生,妈妈抚养大,叫我俩婚配。八字昭天地,四柱证明月。咱俩还担忧,忧愁相对看,忧的你先死。你死我伶仃,么公由我请,香纸我付钱。来痛悼亲人,光脚头发乱。三声哭喊你,三夜哭天明。天亮到中午,送棺木荒郊。叫众人远离,我伫立墓旁。水别墓上淌,风别刮坟上,别让路冲撞,让你墓

四、地方文化

中安。明早送祭饭,送到墓门前,跪祭献给你,你能吃或否?

"坡芽歌书"是迄今为止发现的唯一用图画文字这一古老形态记录民歌的文献,一经发现,就引起了语言学界、文学界、艺术界的极大兴趣和广泛关注,被中国古文字专家周有光先生誉为"文字之芽"。

富宁县委县政府高度重视坡芽歌书的传承和保护,划拨专项经费在坡芽村建坡芽歌书文化传习馆,2009年组织编辑整理出版了《中国富宁壮族坡芽歌书》一书,并获得全国最美的书的荣誉;组建了坡芽歌书合唱团,2009年合唱团参加云南省第三届青年歌手电视大奖赛,获原生态组金奖,2015年合唱团参加中央电视台《歌声与微笑——合唱先锋》比赛,获总冠军,2016年合唱团参加第九届世界合唱比赛,获无伴奏民谣组别金奖。

2007年4月,"坡芽歌书"被列为文山州州级非物质文化遗产,2009年被列为云南省省级非物质文化遗产,2011年5月入选第三批国家级非物质文化遗产保护名录。

2. 壮族彝族铜鼓舞

铜鼓舞是文山州壮族和彝族倮支系群众中流传最广、影响最大的古老舞蹈种类之一，于2006年被国务院列为国家级第一批非物质文化遗产名录。铜鼓舞始于文山壮族、彝族先民的自然信仰和祖先崇拜，广泛分布于广南、麻栗坡、富宁、西畴、马关、丘北等县的壮族、彝族村寨。壮族铜鼓舞以广南县贵马、里玉等村较有特色；彝族铜鼓舞则以广南县里洒、木镁村，麻栗坡县城寨，富宁县龙洋、龙迈等村最具代表性。

铜鼓舞属全民性集体舞蹈，历史悠久、内容丰富、舞蹈独特。铜鼓舞始于原始的自然崇拜，是壮族、彝族生产生活的反映。由于民族与地域的差异，所表现的内容也不同。壮族认为敲铜鼓起舞，可以为村寨降妖驱邪，祈求平安，具有广泛的群众性。每当节庆、婚庆、生育、丧葬祭祀时都要跳铜鼓舞。彝族认为铜鼓是万物之灵，通过敲铜鼓跳舞，可以向上苍和祖先传递后人的意愿。

壮族铜鼓演奏有独特性，一人敲铜鼓，另一人以木盆辅助配合，形成共鸣滑音。敲鼓时将铜

四、地方文化

鼓横悬离地面一定高度，一人左手持竹条敲击鼓腰，右手持鼓槌敲击鼓面中心，另一人双手持木桶，与击鼓者配合，将木桶迅速推向鼓腔，根据节奏来回推拉，一分一合，改变鼓声传播的速度，产生出动听的颤音效果。铜鼓乐的组合还有大宽边锣、铓锣、牛角号、牛皮鼓等。壮族铜鼓舞动作多以手的变化为主，形成交叉、甩手、抬臂等，队形多为圆圈和斜八字。形象生动地把一年四季的生产生活全过程表现出来。

彝族铜鼓舞以群体转圆圈舞蹈的形式，将伴奏铜鼓置于舞场中心，鼓悬离地面约5至10厘米，鼓手蹲或坐于鼓侧，一手持细木条或篾条击鼓腰，另一手持藤槌击鼓面，可以奏出十多个节奏和音高组合。公、母两面铜鼓可演奏十二种演奏组合，简称十二调。众人围鼓沿逆时针方向行进舞蹈，男里层、女外围或是男前女后一圈。铜鼓舞的主要特点是动作幅度大，舞蹈动作动力向上，膝伸，身体随之起伏，膝、臀、腰、胸等部位随节奏摆动，轻快、活泼、刚中有柔。

3. 彝族葫芦笙舞

文山州彝族葫芦笙舞主要流传于西畴县鸡街

乡曼竜村和广南县那洒镇那腊、篆角乡九坪等彝族花倮人聚居的村寨。葫芦笙舞是一种历史悠久的彝族民间传统舞蹈。每当一年一度的传统"荞菜节"时，全村男女老幼身穿节日盛装，聚于场院尽兴歌舞。舞者皆为女性，乐手为一男性。舞蹈由葫芦笙乐手在中央边吹边舞引领，妇女们携手围圈随音乐节奏踏地顿足，翘臀送胯，婆娑起舞。

整个舞蹈围绕着"盼丰收"的主题，表现生产劳动内容，如种棉、收棉、纺棉、织布等过程。一跨步一翘臀一曲膝，让头部、腰肢、胸部和膝部协调配合自然摆动，体态呈"S"形，婀娜柔美，具有独特的舞韵魅力，保留着古代葫芦笙舞的韵律。整个舞蹈节奏缓慢，动作古朴，具备了动律、节奏、韵味、对比等一系列艺术元素，有较强的艺术感染力和观赏性，形成了独特的优秀民族民间舞蹈艺术。1987年著名舞蹈家戴爱莲女士深入西畴县鸡街乡曼竜村观看了彝族葫芦笙舞后，称赞其为"中国式的迪斯科"。

葫芦笙是彝族葫芦笙舞的唯一伴奏乐器，舞蹈也因此而得名。它低沉、浑厚的音质，形成独特的风格。葫芦笙器乐有《开头调》《移步翻身调》

《撒棉调》《收棉调》《织布调》等。葫芦笙乐器工艺以五根长短不一的竹管,在根部嵌竹或铜制簧片,插入葫芦制成音斗,三支笙管侧面开有音孔,最短的一支在音斗背后也开有音孔,最长的一支在顶端套一小葫芦以增加音响共鸣。

4. 苗族芦笙舞

芦笙舞,苗语称"踏更",是文山苗族盛行的古老民间舞蹈。

芦笙舞大致可分为自娱性、竞技性、祭祀性3种,其中自娱性芦笙舞最为普遍。舞蹈套路完整,有单人舞、双人舞、群体舞;舞蹈动作刚柔相济,有简有繁,各有千秋。主要动作有"踩"和"跳"两种,"踩"以两膝的轻微屈伸并踏着节奏向前移动为特色,"跳"是由动力脚落地后,下肢的颤动以及抬脚踹动,上身随之自然地摆动为特色。前一种娴雅、端庄,后一种柔和、潇洒。

跳芦笙,在文山州内苗族中较为普遍,过去,青年小伙子是否会吹芦笙,能不能跳芦笙舞成为姑娘们择偶的重要条件之一,碰到农闲时节或节日盛会,苗族小伙往往身背芦笙,边吹边跳,即兴起舞。

芦笙舞的表现形式主要有两种：一种在民族节日和重大的庆典活动中表演，要求按一定的程序跳完所有的套路，属于宗教礼仪活动。民国《马关县志·风俗》记载："场中跳芦笙者，既吹且舞，屈其腰而昂其首，足或飓矣，手或翔矣，盘旋往复，姿态万端，观众以为艺术已美不可及"。

另一种是在婚丧场合和一般娱乐场合进行，没有固定程序，可以随心所欲，任意增减。清乾隆《开化府志·九》记："……送葬，女婿吹笙跳舞尸前。"苗族老人亡故，有以芦笙舞祭祀亡灵、慰藉死者家属的习俗，其舞蹈动作沉稳。

5. 壮族牛头舞

壮语称"弄娅歪"，是壮族民间祭祀牛王圣母的舞蹈。"弄"是跳或耍之意，"娅"指老年女性，引申为雌性牛祖，"歪"指水牛，在壮族人民的心目中，牛的地位尊于母亲，所以才把崇拜的对象牛尊为母亲一样辛劳慈善。

"弄娅歪"是以"舞"和"娅歪"为中心、在传统的武术、杂耍等多种艺术的基础上形成综合性的舞蹈。"弄娅歪"为集体舞蹈，表演内容都由锣、鼓和镲敲打出同样的节奏在行进的过程中完成。表演的舞姿有对击、站立、下蹲、行进转身、跳跃等，人数不定，以双数为宜，舞姿生动形象，古朴优美，充分体现出壮家人对牛无限的崇拜、赞美之情。

6. 壮族手巾舞

手巾舞是广南县者兔、那伦、底圩、小广南一带壮族人民的民间传统舞蹈，于每年春节、花街节自发的边歌边舞。手巾舞共分两类，一类壮语叫"陇阿拉"，属自娱性集体舞蹈；另一类壮语叫"陇阿日"，属祭祀性的男性集体舞蹈。

跳手巾舞，一般舞者只用一块手巾为道具，以柔、踮、顺拐等律动，舞姿自然和谐，优美流畅，融合了许多生产生活中的动作，如撒秧、栽秧、打谷子、纺纱、织布等，往往参与的人数越多，气氛越欢快热闹。

7. 壮族纸马舞

壮语称为"弄马洒"，流行于文山、马关的壮族土、侬支系中。纸马是用竹篾扎成马的形状，腰间留空心，然后用棉纸糊裱，绘上色彩，缀上彩穗，马脖系上小玲，舞者从纸马的腹部空心处钻入，把纸马套在腰间，持纸马跳跃奔跑，以跑马或走马的节奏抖动马铃,舞蹈风格热烈奔放。

舞时,随着马铃、鼓、锣、镲声齐鸣,舞者不断抖动马头,又踢、又跳、又转,好似马抬头、摆尾、踶脚,时而如扬蹄长啸,时而奋蹄奔驰;场面惊人,舞姿古朴粗犷,引人入胜。纸马舞蹈动作热烈奔放、仿生性强,以模仿马的奔跑、跳跃、踢蹄、斗嘴、相咬、嘶鸣为主,而其中穿插笑脸和尚用各种方法戏弄狮子,辅之两个小鬼来回穿插于舞队之中捣乱逗趣,众武士执兵器跟踪追杀,一直舞到小鬼被赶跑、狮子累趴下、纸马被套住,方告结束。

8. 彝族弦子舞

分为弦子舞和大三弦舞两种,是彝族较为普及的集体性舞蹈。弦子舞由几个或几十个男女青年相对排成两行,按弦乐节拍,男方向前推进三步,女方向后退三步,然后男方后退三步,女方随之向前推进三步,或按弦乐节奏转圆圈,这样反复多次,节奏有快有慢,动作整齐,优美大方。

民国《马关县志》记载:"当秋谷既登,农事既毕,月白风清之夜,逸兴遄飞,男女成集以为跳乐之戏。其跳法以一男一女相对而跳,身腰

四、地方文化

手足各有解数,按拍合节不逾绳墨。两人若迎若距,忽前忽后,腰姿如棉,神情已醉。人虽众皆不敢出声,此时但闻琴声铮铮,履声擦擦,方之西人跳舞未见不如。"

9. 彝族竹竿舞

流传于麻栗坡县彝族的倮支系中,属于自娱性群体舞蹈,以竹竿为道具,舞者在两根竹竿之间跳跃,人数不限,男女均可。竹竿两头为两个人操作,使其一并一离,舞者屈肘,身体自然摆动,两腿趁竹竿分开时踏入其中,并快速离开,使其不被竹竿夹住,如此往返,舞蹈动作轻快利落,节奏鲜明强烈,是一项灵活的民族竞技活动。

五、自然人文景观

（一）自然景观

文山壮族苗族自治州有着秀丽壮美的自然景观和富有地域民族特色的人文景观。大自然的鬼斧神工，使文山的自然景观呈现出岩、洞、泉、湖、瀑、原始森林等典型的喀斯特地质奇观。文山有国家A级旅游区6个，其中，普者黑景区是国家级风景名胜区、国家4A级旅游景区。在丰富的自然景观中，以边塞江南、云上水乡之称的普者黑，世外桃源美誉的坝美，高原小桂林之称的八宝，红土地脊梁上的绿宝石摆龙湖，以及南国草原黑巴，被称为小香格里拉的舍得，还有北回归线绿洲、滇东南地区唯一的一块亚热带"植物宝库"——老君山等自然景观最具代表性。已成为文山开发休闲度假、康体养生、边境探秘、红色文化等综合旅游的丰富的自然资源。

五、自然人文景观

1. 普者黑

"普者黑"为彝语，意为"盛满鱼虾的水塘"，位于丘北县城西北，距县城2千米，是国家级风景名胜区、国家4A级旅游景区。景区总面积388平方千米，核心景区165平方千米，属于滇东南岩溶区，是发育典型的喀斯特岩溶地貌，以"水上田园、湖泊峰林、彝家水乡、岩溶湿地、荷花世界、候鸟天堂"六大景观而著称。这里既有桂林山水孤峰、清流、幽洞、奇石的灵秀，又有江南水乡小桥流水人家的古朴神韵，还有杭州西湖波光潋滟的明丽，更有比荷花淀还要浩荡的万亩荷花。

景区内265个景点各具千秋，312座孤峰星罗棋布，83个溶洞千姿百态，54个湖泊相连贯通，2万亩水面清澈透明，13千米峡谷雄险壮观，3千米的古道神秘古朴，4万亩高原喀斯特湿地让人叹为观止。景区民族文化底蕴丰厚，壮、苗、彝等少数民族浓郁的民族民间文化构成了普者黑旅游文化的主流。景区现已具备观光、度假、养生、休闲、骑行、写生、摄影、垂钓、观鸟、湿地体验等众多旅游体验，被誉为"世间罕见、中国独一无二的喀斯特山水田园风光"。2013湖南卫视大型亲子秀节目《爸爸去哪儿》第一季选择普者黑为外景拍摄地，同时也是多部影视剧的外景地。

整个景区山连山，水绕水，湖光山色浑然一体，蔚为奇观，更有甚者，山山有奇洞，洞洞藏秀水。现已开发对游人开放的有月亮洞、火把洞、仙人洞、彩云洞、神怡洞、远望洞等，各洞洞厅宽敞，景物迷奇。钟乳石千姿百态。其中，彩云洞、黑箐龙狮子山溶洞中分别绘有鸟图腾崖画；仙人洞、神怡洞、黑箐龙等洞中还保留古人遗迹，各类动物骨骼化石还清晰可见，不仅有很高的观赏价值，且具有很高的科学研究价值。

普者黑风景区内聚居的壮、苗、彝等少数民族，他们的历史悠久，文化古老，不仅有独特的服饰，还有别具一格的风俗习惯和特别的节日成为普者黑景区的一大特色。

2. 坝美风景区

"坝美"为壮语，意为"森林中的洞口"。坝美村位于广南县北部的坝美镇，村中居民为壮族的沙支系，村子四面环山，进出寨子主要靠村前村后两个天然的石灰溶岩洞。

五、自然人文景观

进入坝美村的路和东晋陶渊明的《桃花源记》中描述的武陵源中的桃花源的入口完全一样,进入到坝美村,沿着潺潺的溪水,溯流而上,便来到一个状若巨笔的石山。这座"石笔山"的腹部开了一个巨大的石洞,洞上倒悬着无数如笋的石柱,成群的燕子在四周翻飞盘旋,溪水便从这里流出并顺山势形成一米多高的瀑布群。聆听着瀑布发出的轰鸣声,坐上晃晃悠悠的小船,不一会儿就进入洞中。洞外嘈杂的人声、水流声完全消失,只剩下燕子发出时有时无的呢喃声。在昏暗的水洞中沐浴了20多分钟的凉风后,一束光出现了,接着便可看到洞口吱呀作响的水车、壮族少女婀娜的身姿。船到岸后,拾级而上,眼前豁然开朗:蜿蜒曲折的小溪在稻田间静静流淌,碧绿的田野间农人正辛勤地劳作,古朴的村舍掩映在翠竹、桃林深处。

坝美人基本上还沿用着古老的耕作方式,完好地保留下路不拾遗、夜不闭户、睦邻友好的良好风气。壮族特有的祭祀、对歌、龙娅歪、踢草球、夜种神田等等被原始的记载符号完整地保留下来。

村里有很多硕大的古榕树,人们叫"长寿

树""万年青树"或"龙树"。这种常绿乔木，树干分枝多，有气根，树冠大，叶子互生，呈椭圆或卵形；花呈黄色或淡红色；果实倒悬，呈黄色或赤褐色，生长在热带地方，木料可制器具，叶子、气根、树皮均可入药。村民们把它当作"龙树"来供奉、祭祀。这种树在坝美享有极高的地位，村内无论男女老少都不允许在树脚下乱丢乱扔不洁净的污秽物，哪怕树干枯死或枝条自然干枯掉落下来，也不会有人拿回家中当柴火烧。

从村子北头的落水洞里流出的小溪，婉转贯穿整个小坝子，被一个月牙状的沙洲分成了两支，分流约百米后才再度合流。这里延续着裸浴的古老风习，每到暑来秋燥，借助月色，男女老少，都聚来河里不羁地裸浴，村里人便利用自然形成的河流分叉约定俗成地将男人和女人分隔两边：男的都到右边的河岔洗澡，女的则到另一边，两个河岔因此分别被称作"男河""女河"。

沿河上下，分布着大大小小数十架水车，它们吱吱呀呀，或快或慢地旋转着，成为坝美的一道独特风景。

与坝美村连成一体的自然风光有桃仙岭、五

子山、观音洞、猴爬崖等，它们与坝美村形成了河谷田园风光、溶洞、悬崖、泉水浑然一体的精彩画卷。

3. 黑巴草场

位于砚山县西南部，距砚山 110 千米，为文山州与红河州的交界。平均海拔 2100 米，现有自然草场面积 8 万多亩，有"南国草原"的美誉。属轮歇地类型，是彝族、苗族聚居地，除秀丽的自然景观外，还具有绚丽多彩的民族文化风情，彝族的火把节、草马节，苗族的花山节等民族节庆每年吸引众多游客前来参与。

4. 古林箐原始森林

古林箐原始森林位于云南省东南部文山州马关县境内，南临河口，与南溪河相连；西靠屏边，与大围山国家级自然保护区相接；北部与本县篾厂乡，木厂镇接壤；东南隔大南溪与越南相望。位于东经 103°53′—104°05′、北纬 22°41′—22°53′之间，区内最高海拔 2028.4 米，最低海拔 160 米，相对高差 1868.4 米，面积 6852 公顷，是云南北回归线以南的一块神秘的绿色宝地，是省级自然保护区。独特的喀斯特地貌和气候条件，形成了丰富的物种资源,据初步统计保护区内有陆栖脊椎动物256种,分属4纲23目71科。其中,有一、二、三级国家重点保护动物,有种子植物约2750种。

5. 盘龙河

盘龙河古名叫壶水,清康熙初年以文山城及文山坝子的河道曲折盘绕、矫若游龙而更名为盘龙河。盘龙河发源于砚山县平远镇的牛鼻子洞和银子梁坡北麓,全长253.1千米,流经文山、西畴、马关、麻栗坡4县,注入麻栗坡县境的马鹿塘与畴阳河相汇,再于船头出境,流入红河,归宿于南海北部湾海域。

盘龙河沿流汇入新老龙河、三板桥河、德厚河、马过河、法克河、布都河、畴阳河等10多条支流和大洞坡溪流等百股大小溪流。河道流经处,群山入云,古林茂密,两岸土地肥沃,村寨星罗棋布,鲜花盛开,鹰飞鸟鸣。尤以流经文山坝子的一段河道最为开阔、美丽。盘龙河穿天生桥,过险峰峡谷入文山坝子后,河道弯曲狭窄。从入坝到出坝直线长21千米,河流迂回弯曲达34.5千米,共有大小河湾130多处,平均每千米4弯。沿河

五、自然人文景观

垂柳如林，百鸟啼鸣，形成内外八景，即"盘水回波""二桥烟柳""西华列戟""双桂争奇""钟林瑞梅""虎沟烟雨""南桥夜月""雁塔秋风"。仅在17.89千米的河段内，就有攀枝花下寨、法古寨、文山城、禾木坎、小寨、牛头寨、藤子寨、大沟绞、花桥9大河湾。

盘龙河流出文山坝子，由迷洒入硝厂峡谷奔腾南下，经西畴、马关、麻栗坡3县的河段，水量充沛，落差较大，水力资源十分丰富，滴水坝电站、东方红电站、小河沟电站、嘎机电站、南滚电站、曼棍电站和马鹿塘电站，它是文山州水电站建得最多的河道。

盘龙河出境后交泸江汇红河，于北部湾流入南海。

6. 薄竹山

位于云南省文山城西77千米，最高峰为双乳峰，海拔2991米，为滇东南第一高峰。薄竹山由22座山岭、21条壑谷、7条溪流、2个泉潭组成，总面积为76平方千米。它东南与老君山遥遥相望，西下箐门口与红河哈尼族彝族自治州的屏边县相接，北出两条亚热带雨林，止于海拔1750米的摆衣寨，往东翻越过数道山梁抵杨榆坡。

　　76平方千米范围内，林木森森，其中不乏千年古树和珍贵名木，特别是全球已属罕见的长蕊木兰，最为珍品；高山玉兰、红花木莲、香木莲、滇南木莲、苦梓含笑、香梓含笑、亮叶含笑等，均属珍稀树种。间杂于林中的奇花异卉，更是灿若云锦。50多种兰草，四时不谢；各种杜鹃，从春到秋，盛开不败。主要景观有：高山云海、顶峰观霞、如霞岭、杨梅坡、绝壁飞瀑等。

　　站在双乳峰上，山下1000多平方千米的山河大地可尽收眼底，无雾罩的晴朗之夜，还可以遥遥望到红河州的蒙自城中星星点点的灯火。金秋时节和阳春三月登临薄竹山，透过云层观林海，眼下一片苍茫，杜鹃红似火，玉兰白如雪，点缀着滚滚云海犹如一幅厚重的油画，构成了美丽的高山云海景观。

　　顶峰观霞。当红日还未从群峰尽头、迷蒙的天际露面之时，一线鱼肚白光冉冉升起。开始，朦朦胧胧的瓦灰色天空慢慢染成橙色、红色，接着一轮火球跃出山尖，露出红艳艳的笑脸，随之霞光万道，朝阳喷吐出刺眼的光芒，跃然出现在薄竹山巅，薄雾虽然退出山头，仍久久萦绕在山腰。它们忽高忽低，忽聚忽散，扑朔迷离。在薄竹山中观日出，不但气势恢宏、壮伟，还有着雾的缠绵神韵。

如霞岭。是薄竹山的第三大景观，坐落在薄竹山北面三家箐的崇山峻岭间。春天，岭上大片大片的红色杜鹃花漫山遍野地开放，坡下白色、黄色的杜鹃和山茶、兰花亦争相怒放，花开如霞，香气袭人。

杨梅坡。是薄竹山的第四大景观，坐落在薄竹山北面20余千米的摆衣寨上方十二台坡一带，属原始森林的边沿。坡地以杨梅树丛成片如林而得名。每当杨梅果成熟之时，枝头果实成串，远远望去，犹如红色的珍珠遍布山坡，故又雅称"珍珠坡"。

绝壁飞瀑。是薄竹山的第五大景观。在薄竹山中海拔1990米高处，群峰环抱的高笕槽村后，有一座叫化乙山的山峰，化乙山海拔2612米，百里之外就可看见它的峰顶。此山之阳是一片滑如石板的倾斜山体，长300余米。每当雨水季节，林泉从200米高处飞流而下，气势磅礴，声震谷底，为之罕见。山下花草丛生,林木茂密,流水潺潺,不失为一洞天福地。

(二)人文景观

1. 西华公园

位于文山城西面的西华山上,距文山城中心约2千米,由三元古洞、猴王洞、云梯、九龙汇、楚图南铜像坪等重要景点组成。占地面积45.01亩。始建于康熙初年,1982年后逐步建成并对游人开放,是一个集佛教、观光、登山历险等内容为一体的综合型休闲游乐公园。园中西华山,是一座石灰岩构成的大山之一,它横列36峰,飞崖削壁,其势雄俊。三元洞是公园的主要景观之一,据传是清朝同治初年由一姓潘的和尚发起,由许多能工巧匠自动参加修建的。到了光绪年间,又逐渐增修亭台,悬联挂匾,立碑刻石,称为"三元洞",象征科举时代的"连中三元"。三元洞由三个互相连接的排生洞组成,位于数十米高的石崖之上,地势险要,造型独特,自然天成,洞内宽敞,空气自然流通。

2. 八宝风景区

位于广南县八宝盆地,距州府文山160千米。

五、自然人文景观

以峰丛、峰林、岩溶瀑布景观为主，由八宝、河野、汤纳溶洞、三腊瀑布4个片区组成，总面积68平方千米。景区内的溶峰一般高50—100米，呈尖锥状，盆地中心还发育少量孤峰，高度小于50米。

八宝有大小河流25条。八宝河从河美湖出水，由南向北缓缓流过，清澈透明。河水一路穿越几十个村寨，沿河两岸的山峰、溶洞、岩溶瀑布景色绮丽，特别是从河野乘船至八甲一段，长6.5千米，河面宽阔，山水相依、村寨农舍，有"小桂林"之称。

八宝河上建有很多古桥，多为明清时期的石拱桥，八宝双桥、四房桥、坡现桥、对河桥、那木桥、宾州桥保存得都很完好，极具观赏价值。逢节日之际，当地男女立于古桥垂柳下，互相对歌传情，无数美满的姻缘就源于堪称一绝的"古桥幽歌"。

三腊瀑布是八宝风景名胜区最有名的景点。位于八宝镇东20千米处的三腊村附近，三腊壮语意为三条河溪汇集的地方，古称响泉瀑布。八宝河水于三腊村旁枝茂藤缠的古树林中穿出来后连叠三台，形成玉屏、浴人和弓花三瀑，总落差

120 米，宽 25—35 米，近看玉屏瀑如垂帘横悬，雾气腾绕；浴人瀑汹涌湍急，瀑条四射，仙人石在半空如老顽童般自享嬉水之乐；弓花瀑水从 50 米高的崖顶狂倾到底台深谷，在谷中翻起层层水花，如洁白的棉花铺在宽敞的谷底。晴天，玉屏瀑和弓花瀑常常隐现出美丽的彩虹。人们曾赞之"幽岩漫天飞素云，深山白日走晴雷"，"三腊响水跌如棉，不用弓弹花自舞"。

好水育好米，景区产出的八宝米属国家优质米，因产于广南县八宝镇而得名。八宝米因具有粒大饱满、饭粒软和、味香口适、蒸煮时间短等特点而闻名中外，历史上被列为"贡米"，封为"皇粮"，"每岁贡百担"。

3. 老山

地处麻栗坡县东南部，位于中越边境第二段 12 号国界碑之间中方一侧，天保口岸东北部。主峰海拔 1422 米，面积约 8 平方千米，是对越防御作战的主战场。1984 年 4 月初，中国人民解放军在此对越南入侵者进行了著名的老山战斗，至 5 月 15 日收复老山地区全部领土。

老山主峰矗立着时任国务委员兼国防部长张

五、自然人文景观

爱萍同志到老山视察时题写的"老山精神万岁"汉白玉纪念碑，高1.984米，宽0.428米，寓意1984年4月28日收复老山。老山上建有烽火台、瞭望台。从正门到主峰建有223台阶梯，象征为收复主峰时牺牲的223名将士。主峰北侧建有营房、纪念馆、人物雕像等。场地前方为"战斗英雄"张大权烈士的雕像，高约5米，头戴钢盔，身穿戎装，双手紧握冲锋枪，目视前方。纪念馆房屋建筑面积约200平方米，房顶正面上雕刻有中共中央总书记、国家主席、中央军委主席江泽民同志亲笔题写的"戍边卫国"四个大字，正门两侧墙壁上，有表现战争场面和军民鱼水情的两幅巨型浮雕。

纪念馆前的一片100平方米的开阔地为"将军林"，是到老山阵地视察的将军种植的树木，郁郁葱葱。

4. 剥隘镇坡芽村

位于富宁县剥隘镇东南，距镇政府9千米，壮语的"坡芽"，意思为"染黄饭花开的地方"。全村61户全是壮族，以农姓居多，房屋属典型的杆栏式建筑。世代以种稻为业，民风古朴。荣获"牵手2014中国最美村镇"荣誉称号。因为保存记载81首壮族情歌的图形文字被列入国家级非物质文化遗产保护名录,其传承人被确定为国家级传承人而闻名。

5. 西洒镇汤谷村

距西畴县城10千米,整个村寨依山傍水而建,坐北朝南,通风向阳、临近水源、地处半山坡,山上森林茂密,山下田陌纵横,村落东西两侧是蜿蜒曲折的山涧河谷,村内至今还保存有较为完整的壮族民居建筑群,为传统土坯房"二滴水"营造结构和"杆栏式"建筑风格。

该村被称为"找回太阳的地方"。村里有一个古老的祭祀活动——女子太阳节。这是滇桂壮族聚居地区独具特色的传统节日,已有数千年历史,是壮族原生宗教和女性崇拜的载体,是远古母系氏族社会的遗风,是女性成人的祭祀礼仪,是我国乃至世界仅存的一项重要的民俗传统文化现象。据汤谷村现在还传承着的口传古歌记载,在唐、宋、元、明、清各朝代,该村就已经传承祭太阳活动。

（三）民族风情

独特的自然环境，多民族杂居，造就了文山丰富多彩的民族风情，可谓风情万种，争奇斗艳。

"汉族、回族住街头，壮族住水头，苗族住山头，瑶族住箐头"。民间流传的俗语道出了文山各民族分布的自然格局，反映了各民族的居住特点。

村寨依地势而建，依山而建，和环境自然融为一体。

汉族大户人家的房屋一般为四合院，大门一般开在右边，正房高大宽敞，正中为客厅和神龛，两边为主人及家人卧室。正房的两侧为侧房或耳房，为厨房及堆放粮食及杂物。一般人家的房屋为高檐，楼直接伸至檐下，用栏杆围着。一般为三开间或四开间。整个建筑风格和建筑形式和内地的基本相同。

壮族村寨多依山傍水，几十户、几百户聚族而居，村寨周围的风水树林里祭有树神（龙树），喜欢在自家的房屋四周用竹子编成篱笆围圈，房前屋后栽芭蕉、翠竹和果树，使周围绿地如茵，果木遮天，竹丛掩映。

建房朝向一般择坐北向南、朝向吉利、前方宽阔开朗的地势。另外，壮族建房，从伐木选料、选址动土、画线、立柱上梁到盖好迁新居，均有一套较为讲究的传统习俗。

历史上，壮族（侬、沙支系）全部住干栏房。

居住在富宁县谷拉、归朝和广南县绝大部分以及丘北县温浏等地的壮族，仍保留着古老的"干栏"住房。传统干栏为土木结构，三开间，分上、中、下三层楼式建筑，上层储存粮食和堆放杂物，人居中层，下层关养畜禽。广南县中部、南部的莲城、八宝、黑支果（南利河沿岸）、那洒以及砚山、文山、西畴、马关、麻栗坡、丘北等县，大多数用土基（土坯）、少数富裕人家用青砖做墙，屋面多数盖瓦。少数人家有厢房（耳房）、前房成走马转让角楼四合院。富裕人家比较讲究，楼梯用石条支砌，两边有古飘带装饰，楼梯口看台两侧有两根雕饰和花栏，有的板壁雕饰花鸟虫鱼等图案。堂屋不论是干栏式还是其它形式，大门正对面为神台，左为祖宗牌位，设神龛，下为土地神位，摆八仙桌。靠板壁各有两条春凳等。土司衙署、旧莫王氏等富豪人家与汉族中式客厅一样

五、自然人文景观

摆设。富宁县、广南北半县,丘北南盘江、清水江等低热河谷地区房屋四壁用竹子或木板镶,有的用山草烂泥浆相拌涂抹光滑,既防风又防雨。中层和上层铺楼板,屋顶盖瓦和茅草,中间设正堂、堂屋上方设神台,是会客和祭祀祖先的场所。左右两开间设卧室、客房、厨房,中层设大门,下设石梯或木梯,多数在屋后开门,便于通屋后菜地,门侧搭晒台晒粮食、衣物。干栏中层通风良好,干爽利落,适宜高温多雨地区的人居住。20世纪70年代以后,打破一般干栏的"一"字形,增盖两耳房,做畜厩和厨房,房顶做晒台,实现人畜分家,有全楼居、半楼居或地居。居住在城镇和交通沿线的壮族,多数已修建砖木结构住房,富裕人家建盖钢混结构楼房。

壮族最有特色的是老人厅和风雨桥。

老人厅(亭),壮族侬支系称"亭崩""亭索",沙支系称"亭朗",意为老人传道、授业、解惑之亭。一般建在寨子中间。马关县马洒老人亭称"先农亭",现仍保存清道光十一年(1831年)建的《先农亭碑》碑记:"农何名先也,谓其始开农也;亭何以名,先农也,谓其为农祈报之所也。

盖闻神农氏生三岁知稼穑之宜……"。据富宁县《民族志》(初稿)载：部分老厅壁上横批书写"神德如山重"，中联自持位竖写"本境恩主官员某大老爷之神位"，上联"恩波似海保我全村人财两旺"，下联"主静如山佑吾百姓事物咸亨"。部分地区每年农历五月初择一吉日，也有一些地方每年农历二月初二，于下年祭老人厅。部分地方的老人厅又是老人茶余饭后说古论今、传授传统文化、伦理道德以及休闲、聚会的地方。广南县贵马老人厅被公布为该县重点文物保护单位。

风雨桥，壮族（侬）语称为"亭达"，"亭"即亭子，"达"即河，意即建在河上的亭子。壮族村寨大都依山傍水。村旁、寨脚田坝河道上常常架设带有瓦屋面和廊柱的"亭达"。"亭达"除具有一般桥梁的功能外，还有两个作用：一是为下田坝生产的人们和过往行人遮蔽风雨；二是为青年提供欢聚、休闲、娱乐的地方。壮族，特别是侬支系，凡周围有河沟的村寨，都建有风雨桥。现在多数风雨桥因被新材料桥梁所替代或年久失修，逐渐消失。

壮族喜食糯食，逢年过节、招待亲朋要以糯

五、自然人文景观

米加工成各种特殊的食品来食用。

粽粑,侬语称"食口方",将糯米拌柞木树或苏子秆的炭粉搓黑簸净,以八角、草果、姜粉和绿豆沙、肉条拌匀为馅,用人工栽培的粽粑叶包扎成银锭形状(意为发财)糯米筒,煮熟即为粽粑。粽粑表层呈淡绿色,粽叶、酥子、糯米、草果、豆沙,五香馥郁,别有风味,是百越稻作民族的传统食品,至今已有2000多年的历史。

花糯饭(侬语称口糯侎),将红、蓝草,黄花,枫叶,紫番藤等天然植物的根茎或花叶捣碎取汁分别浸泡糯米,分别染色之后,蒸出黑、红、黄、蓝、紫、绿等色彩鲜艳的糯米饭,色、香、味俱全,馨香四溢。

壮族服装以广南道侬(装)、文山锦侬(装)较有特色。道侬自织彩色方格壮锦长帕,往前包扎成两支斜上的牛角状帕式,前额留有遮阳,锦侬用手工绣成的各种图案的壮锦长帕,往后包扎成向耳根斜下的两角状帕式。衣装有对襟,也有斜襟,领口有中高领,也有圆领,盛装的上衣面料用花色缎子。衣角向上翻翘,要显露衣服下摆两只斜挂的绣锦裙袋。脚穿镂腰小方头浅帮绣花鞋，讲究帕、衣、裙、鞋配套。

壮族沙支系装最具特色的是丘北沙装，短衣密纽，着百褶长裙。头帕与侬有差别。广南沙、富宁沙，民国以后已经不穿传统裙装。广南沙穿圆领滚口、滚袖衣。为方便涉水过河，衣长似袍。过河时，退去长裤，依水深浅或渐次收束至腋，或逐渐放松过膝涉水。即便有男性共渡，亦无碍观瞻。富宁沙支系，着姊妹装，戴头巾或白底自织方格花头帕。土僚穿右衽紧身短衣，胸、背相对应各镶一块四方缎面绣锦（也称补子，古称穿胸）。下着黑、青、蓝色平纹长裙（搭头土长裙有较宽皱褶），扎腰带。根据不同的头帕式样，又分平头、搭头、尖头土僚。平头土僚用自织黑或藏青色毛巾式头帕，包成平额帕式，头帕上多数绣有福、禄、寿、喜等吉祥的汉字图案。尖头、搭头土僚，用长帕依发髻包扎成尖头、搭头状帕式。

壮族侬、沙、土妇女服饰都有盛装、便装、冬装、夏装之分。盛装讲究银质项圈、项链、纽扣、玉质环佩等贵重饰品，而最华贵的要数丘北沙盛装，轻轻挪步则银声盈耳。

五、自然人文景观

苗族的住房过去是叉叉房、篱笆房、草房，现为土木结构的瓦房、土库房，乃至砖木结构，砖混结构房。

叉叉房的建造不受地点限制，它是苗族游居时代的产物，现无人居住。叉叉房的做法是用一根长木杆、两根短木杆搭成三角形房架，长木为横梁，短木为斜梁，层面铺上茅草而成。现人们看守田地时也会搭建这样临时栖所，因此也称地棚。

篱笆草房不同程度地保留了苗族游居生活的遗迹。苗族多居住的山区，故房屋依山而建。在向阳的坡面上选择一块较为平缓的地基，将其铲平。在地基上横几根木桩搭成房子的基本框架，在四周用大竹子撂起来或者编上竹片、木条。屋顶为两分水草屋面。正屋一般为三开间，也有的间数不限。上下一楼一底，楼下住人，楼上堆放粮食。屋前留有院井，有的人家还用木头，竹子将院井围起来，安上栅门，并在院内饲养畜禽。这种篱笆草房通风透光好，夏天居住凉爽舒适，且造价低廉，搬迁容易，但冬天难以抵御风寒，且防火性能极差。随着苗族地区经济的发展，这种篱笆草房正逐年减少，取而代之的是土木结构的长久住所。

瓦房是苗族土木结构的长久住所，瓦房一楼一底，楼下住人，楼上堆放粮食。正屋为三间，正堂安神龛，就餐、堆放杂物也在此，左右两间设灶房，火塘、床铺。石磨有的安在屋里，有的安在屋檐下，有的安在厢房。畜禽一般在房前院井两侧，也有关在屋里饲养的，人禽同居一屋，既保暖又防盗。

苗族人家已经盖起了砖木结构住房，甚至是砖木混合结构的住房。这些住房的结构及式样与城镇其他兄弟民族的建筑基本相同。

苗族喜欢用黄豆和绿豆做连渣捞，也有的叫菜豆腐。做连渣捞的方法是，先把泡胀的豆子用石磨磨成豆浆，把豆浆放进大锅里煮沸后放入碎白菜或南瓜叶，然后放入酸汤点清。苗族的连渣捞不像平常人们做豆腐那样滤去豆渣，这样的连渣捞营养损失少，且味道清香。也有部分苗族习惯滤去豆渣的。

苗族吃狗肉的习惯是远近闻名的。节日，或者有亲朋好友来访，或者在办丧事时，使用狗肉

五、自然人文景观

招待，食狗肉很讲究蘸水的佐料。佐料首堆薄荷和辣椒，其次是草果、大蒜、花椒等，现在狗肉已登上大堆之堂，不仅街头食品店有这一道菜，而且是宾馆酒楼少不了的美味佳肴。

苗族还有一道菜叫鸡生，其做法是将0.5—1公斤重的半大母鸡宰好理净后连肉带骨剁细，再拌以辣椒、竹笋、生姜、大蒜等佐料用沸油炒熟。这样的鸡生香中带辣，是一道很开胃的下饭菜。

文山州苗族完整地保留了自己的服饰，其中以女性服饰最为精美。

苗族女性传统服饰分为三个大类，即白苗类、花苗类、偏苗类。

白苗服饰的特点是突出白色，它干净利索，清新雅致，制作省工，穿着清爽，方便生产劳作。具体样式是：上装用比较淡雅的布料制成，前开襟，无扣，后领缀一块方巾，下装是白色短百褶裙，一般为自制的麻布。前后各系围腰一块，束腰带，头饰各地不一，多数用布帕缠绕成盘状或桶状，而有的则仅围一条宽如手掌的绣花布条。衣领、衣襟、衣袖、方巾、围腰、腰带、护腿、头帕围带等部位均镶有精美的绣花、扎花、剪花和彩色布条。鞋子不限，有自制的花鞋，或市场上购买的凉鞋、布鞋、胶鞋、皮鞋等。喜欢佩戴银链、项圈、耳环、手镯、戒指。富宁与麻栗坡交界一带的白苗服装服饰最为简洁素雅，仅在衣襟、衣袖、方巾、围腰等部位镶上与底色相异的艳丽布条而已，而丘北的服装则显得复杂一些，除了裙子外，全部镶满了绣花、扎花和剪花。居住在麻栗坡县东部乡镇的"蒙爪"服饰上装式样也大体与白苗服饰相似。

花苗类服饰包括自称为"蒙施""蒙爪""蒙北""蒙叟""蒙巴"的苗族着的服装，该类服饰的特点是突出大红大绿，它艳丽夺目，做工精细，工艺精湛，工序繁多，是合适在集市、集会、节目里穿着的盛装。上装用色泽艳丽的布料制成，右开襟，布扣。下装为蜡染百花褶，底料为自制的麻布。花裙上部为白色或蓝黑色裙腰，中部为蜡染裙身，下部为绣花裙脚。前后各系围腰一块，束腰带，裹护腿。头戴盘状长帕，有的还在帕顶盖以方巾，或在帕边系上围带。衣领、衣襟、衣袖、裙脚、围腰、腰带、护腿、方巾、头帕围带等部位镶有色彩鲜艳的绣花，鞋子不限。喜欢佩戴银链、

五、自然人文景观

项圈、手镯、戒指等首饰。花苗类服饰内部也有一些差异，绣花色彩比较鲜艳，除托肩外均为几何图案，蜡染线条均匀细腻，裙子偏白，围腰较窄，有的身后不系围腰而仅点缀一条彩带，以突出女性的曲线美。其中一部分的裙子较短，蜡染线条较粗，偏黑，围腰宽大乃至遮住裙身，花草等写意的绣花图案较多。

偏苗服饰的特点是突出素雅，它色泽较深，有的花纹图案不多，古朴端庄，简单牢固，特别适合于山区农事生产和家庭劳动。上装用黑色布料制成，右斜开襟，布扣。下装黑色长皱褶裙。衣领、衣襟、衣袖、裙腰等部位镶有淡雅细腻的绣花。用黑线做成假发，一端与头发连接并盘于头上，另一端由背后垂至小腿，头发一侧插一把梳子。鞋子不限，喜戴首饰。

随着时代的变迁，文山州苗族女性传统服饰也发生了一些质的变革。首先在质地上，苗族服装已由原先的麻布改为化纤布、混纺布等。其次在式样上，一套衣服往往综合了各个类别的长处而组成一个完美的结合体。再次是工艺上，很多部件已由手工蜡染发展为机印，手工刺绣发展为机绣。

　　彝族多选朝阳背风地址建寨，一般每寨几十户。也有多达百余户到200户的。住房绝大部分为土木结构草房，土质适合的地区建土库房。一房三间，中为堂房，左右卧室。暗楼用竹子或藤条、树条编织堆放粮食以通风透热。大门后砌火塘，置三脚架或吊杆支上土锅或吊锅煮食物。有的另建耳房做畜厩。近年来逐步改茅草房为瓦平房或楼房，人畜分居。富宁、广南县彝族楼房多以石为梯，底屋关禽畜，人居中层，上层放实物。

　　住坝区的彝族以大米为主，蔬菜自足。居住山区半山区的以玉米、大米为主，辅以杂粮，缺水季节蔬菜难自给，需上市购买，杀年猪解决一年油食，平时饮食较清淡，多豆类，多素食，按季节多食菌类、蕨菜。好狩猎，以野兽、野禽肉佐餐，群猎群分或群食。喜捞鱼虾。一日三餐，因耕地较远，早晚餐两头黑，午饭在地间。常制玉米甜酒带至田间兑水解渴。豪爽好客，以大块肉，大碗酒为敬，如有宾客或远方亲戚来，常常深夜畅谈不寐。

　　彝族倮支系中的聂苏和阿细妇女服饰基本一

致,已改变为头包花毛巾,身穿各种花色右衽衣和长裤,脚穿布凉鞋和竹、麻丝线耳草鞋。保留尖头粉蓝色围腰,上部红缎底绣各色花草图案,银链吊精工银质大围腰牌,襟左或右挂长串多链多层次银徽签。老年妇女头戴绒风帽缠纱帕,穿蓝衣黑裤,戴平头灰色围腰,腰头以绿缎底绣白色花卉。脚穿灰色翘尖短筒鞋,甚为素雅。阿细,按妇女头饰称"草墩倮倮",是一个精干、强悍又十分爱美的彝族支系。女子长发配假发或玉米须编独辫挽于头顶,用布带勒紧,外盖大红色头巾,洁白窄布条围稳,红白相配,分外醒目。红色蓝边或彩绣衣领。天蓝色面襟衣,沿襟绣红、绿色花草,两袖上段为天蓝色,中嵌红色为主的彩绣图案,再以两白布条相间蓝色上,下接红色袖口,以两白布条垂嵌于红色上。下穿普通裤、草鞋。围腰红色或深黄色,上绣白底或蓝底,红、黄花卉图案,白色双曲线边,中呈尖端向下。以黄色或淡蓝色带系于后颈。两耳戴银链吊银瓜子耳环。全部服饰很少配银饰,既鲜艳又朴素不复杂,显示阿细妇女的智慧和精巧手工。

彝族黑倮倮支系,男女均头包黑布帕、别梳,外以黑白相间花围巾缠绕，上身内穿方格式紫胸衣，外着半圆长袖对襟白衣，衣襟两边绣六七厘米宽图纹，以3条横排锡制品装饰，衣领背后系1根垂至腰（男稍短）的花布条，下着长至膝宽裆裤，绑脚。据传古时为方便打仗，剪短裤脚，腿系以绑带习以为俗。女子腰套以树皮制成黑色椭圆形腰夹，十五六厘米宽，有的染成花色。被称作花彝（花倮倮）的彝族，分花裤脚彝和蜡染彝两种。花裤脚彝女性头包花帕，上穿绣有多块四方形拼成深蓝色花衣，着花裤，外套花裙，全身皆花，故称为花裤脚彝，男着唐装，多青蓝色。彝女性穿黑衣黑裙，髻发，上插半月形木梳；男子衣后开衩，似燕尾，衣裤均蜡染成小圆圈，形似梅花。仆支系中自称阿扎、他称筲箕仆拉的彝族妇女，上身穿右衽衣，下身穿大裤子，胸戴围腰，脖带银链，腰系小背带，脚穿大花鞋。包头帕用布50厘米，其中头顶布用粉蓝，大红各10厘米，剪成4片缝拢，其余周围全用青布或黑布。整块帕子四边用丝绒绣扎，帕面用红、白、黄、绿、蓝等7色丝绒绣3厘米宽的6—8条，每条上钉4—6朵丝绒缨泡，每泡上钉1个银泡。7色丝

五、自然人文景观

绒条之间钉满银泡,共有900多颗。靠面部的帕头钉3—4串芝麻铃,每串长15厘米。帕尾除钉丝线缨泡外,还钉24—25个16厘米长的丝线花球,富丽别致。衣领为10厘米、圆长40厘米的白布或青布,绣3道红、白、绿、蓝、黄等6色丝线。穿夹衣,内白或蓝,外青或黑,衣尾长至大腿。两袖上段蓝,下段红,略短。长裤宽超大腿2倍以上,膝盖以上双层,用白或青布;大腿部位两侧为约2厘米宽的2道红、黄、蓝等花线;裤带用16厘米左右的白布带、青布带。围腰心用丝线绣龙、凤或花朵图案,四周绣红、白、绿、蓝等花色线;围腰带双层,一般宽5厘米,用丝线绣龙、凤或雀鸟图案,2条长度到脚腕;围腰银链,有单有双,一般长5厘米,双链配4—6个毫银吊上芝麻铃。男戴小圆帽外裹宽33厘米左右、长7—10厘米的青或黑色纱帕或麻布。穿对襟衣,衣尾到臀部,衣袖长到手掌。从里到外衣和袖一件比一件短。从衣服穿得多少,可看出富贫。富裕人家纽扣钉毫银,宽长裤,小腿裹绣花腿带。衣服全套清一色。中华人民共和国建立后,男装及部分青少年女装向现代多样化变化。

自称昨科、他称牛尾巴仆拉的彝族，妇女头饰以大小篾圈套于头顶裹长发于顶部，平时长发拖于后背。近现代改为梳辫，用白色花边毛巾做包头帕，有的青年用白色，壮年、老年换黑色。上衣为夹层，前斜襟黑色，短于青色底斜襟，上绣红色彩边，以红色丝束系结于腋下。小襟为淡蓝色缎面，边绣红、黑色花纹，显露于前襟左。背面为绿、白色彩缎相结。两袖口为黄、绿色彩缎相接。穿黑色宽大长裤，系红边绿色裤带，垂两带头于前。穿翘头绣花鞋。一对银手镯戴于左手，两手中指、无名指戴4枚银戒指，清淡素雅。男戴圆帽裹青色头帕，对襟衣，净青或净白；宽长襟，穿一般布鞋。中华人民共和国建立后青年男女随社会潮流改现代服装，壮年、老年穿素色便装。

自称阿犇、他称花仆拉的彝族，妇女服饰花枝招展。长发梳辫挽髻于后脑顶，青布片做头帕。从头顶部位正中为中心，前面钉上两排共6个大红缨泡；以成束红丝线扎绣球于后脑，并垂线尾于脑下；两耳戴半大银耳环。上衣以黑布为底，白宽领，肩部绿缎面，胸部绿底花与红、橙、灰等色分段相接；沿襟口到胸部钉小银泡相配。襟面在胸部

五、自然人文景观

以红缨泡为中心,两边各直钉3个红缨泡对称,两袖全由各色和各种不同彩绣图案横向相接。穿宽长裤,裤面天蓝或淡绿色,膝部位嵌白色为底,上部为红色花型,下部为红蓝相间的垂线图案。穿各色绣花鞋,鞋尖钉4朵红缨泡。围腰为主要的装饰,长方形。全部或上半部绣红色各式图案、花纹,夹红、白、蓝彩缎组成,上下分4排由2—5共钉13个红缨泡;中由2个大的兽头和2个小蝴蝶形围腰牌,用长银链从脖颈挂至腹部,结短绿色长白色宽围腰带于后背中部,垂两白色腰带尾至臀部;腰带尾绣花纹,并钉朵成簇小红泡缨。女服装饰艳丽多彩,精致美观。

州内瑶族以大米为主,喜好糯食,山区瑶族多食玉米。

瑶族的风味佳肴较多,有地方特色的大捆粑、五彩糯饭、包蒸二道糯饭、野味肉干等,其做法也特别。

瑶族喜爱自种棉、自纺织、自靛染、自裁缝的土布黑衣。男人一般穿圆领对襟或右斜襟长袖黑外衣、黑色镶边背心、白衬衣,黑色大裆长裤,头缠黑色长帕。现在都穿各种时装,各支系无多大差别。靛瑶女人穿黑布右斜襟彩边长袍式上衣，长到小腿下，并镶五彩花边的红绒缎条长衣衩，前、后幅有规则地提折扎于银腰带上，让镶边的红缎条显露出来；盘瑶开对襟不镶边，不提折，系红、绿绸缎腰带，两端垂吊后面为飘带。穿黑长裤，裤脚绣花边，各支系不一。山瑶穿黑短衣、黑裤外套黑裙，与壮族沙人相仿。各支系各有特点，都爱穿彩边黑色外衣，都爱戴龙、凤、飞禽、走兽、鱼、虾、蜂、蝶、花、果等图案的银冠、银耳环、银项圈、银手镯、银腰带、银衣扣、银链、银铃、银戒指等银饰。

六、现代风貌

（一）文山解放开辟新纪元

1949年10月1日，中华人民共和国成立，古老的中华历史翻开了崭新的一页，地处祖国最西南端的文山却仍然有一部分处在国民党残余势力的统治之中。1949年年底，中国人民解放军第二、四野战军在解放了广西后，挥师西进，1949年12月27日和1950年1月6日，中国人民解放军第4野战军38军114师、151师，第2野战军第13军、14军共10万大军经文山富宁县剥隘大码头进入云南，开始了扫清国民党残余势力，解放文山、解放云南的滇南战役。

在此之前，从1948年开始，中国共产党领导的一直活跃和战斗在文山及滇东南地区的各县地方武装——云南人民讨蒋自救军、护乡团、游击队民兵、武工队等，按照党的指示和部署，积极适应解放战争的形势,开展了巩固和扩大根据地,攻克并解放各县的战斗,先后进行了攻克丘北、砚山、广南、西畴、马关等县城的战斗和里达、革勒、瓦渣、田蓬及广南旧莫、马街等一系列的消灭国民党在当地驻军的战斗,一度解放了部分县城和集镇,消灭了在文山地区的国民党军队和地方反动武装的有生力量,有力地削弱了国民党在文山的统治。

1949年7月,中共华南分局派林李明到云南,传达了分局通知,将云南省委和滇桂边工委合并成立滇桂黔边区党委。8月19日,滇桂黔边区党委在滇东南的砚山阿猛召开了区委扩大会议,遵照华南分局的指示,林李明为书记,郑伯克、周南为副书记。会议决定调整了各地区党的领导机构,云南设1个工委、10个地委,撤销滇东南工委,成立文山地委,书记饶华。党领导的战斗在滇桂黔边区的所有武装,包括反蒋自救军,武工队、民兵、护乡团、游击队等全部统编为中国人民解放军滇桂黔边纵队,庄田为司令员,朱家璧为副司令员,林李明为政委,郑伯克为副政委,黄景文为参谋长,张子斋为政治部主任。纵队编

六、现代风貌

为12个支队,两个独立团。领导滇东南地区党的武装的滇东南指挥部改为滇桂黔边纵队第四支队,司令员廖华、政委饶华,参谋长张鸿谋,政治部主任李文亮。地委认真贯彻边区阿猛会议精神,以军事斗争为主,全面贯彻党的建军思想和作战原则,加强改编后的部队的正规化建设,扩大武装,做好迎接解放军进入文山的准备工作。在党的建设上,不断建立党的各级领导机关,加强学习,大力培训和选拔干部。在政权工作方面,积极组织县和专署级政权机构,同时,广泛发动群众,全面贯彻党的经济政策,恢复发展生产,改善人民生活,为土地改革作准备。

1950年1月6日,中国人民解放军第114师、151师及边纵1支队16团,4支队31团将已成了孤岛的文山城包围,驻守在城内的国民党专员罗廷标自感大势已去,无力抵抗,接受了和平解放的8项条件,交出武装,接受中国人民解放军第四野战军和滇桂黔边纵队的接管,文山城获得解放。7日下午5时,解放军举行入城仪式,沿街群众和学校师生等列队敲锣打鼓,点燃鞭炮欢迎解放大军。中共滇东南地委,滇东南行政公署,滇桂黔边纵队四支队司令部及文山县人民民主政府等领导机关随部队列队入城。文山这座各族人民开发和建设的边陲小城，终于回到了各族人民的手中。长期盘踞在马关县城的国民党残匪杨国华得知文山城解放，于1月中旬率其残部逃离县城。马关县工委、县人民民主政府，由八寨迁入马关县城办公。与此同时，进驻丘北的中国人民解放军14军42师消灭了盘踞在腻脚的土匪罗四、罗五部；进驻广南的13军39师和边纵35团围剿了盘踞在旧莫的王佩伦匪部，在强大的政治和军事攻势下，王佩伦匪部缴械投降，至此，文山全境获得解放。

1950年1月8日，滇东南地委和151师领导机关，在文山城开广中学操场举行有数千人参加的军民联欢大会，滇东南地委书记饶华，151师师长曹灿章分别在大会上讲话。1月11日，根据中国人民解放军第四野战军和滇桂黔边纵队司令部的指示，滇东南行政公署正式在文山城办公，并发布公告。1月14日滇桂黔边纵队司令部在文山城开广中学操场召开文山全区解放庆祝大会，宣布成立文山临时军事管制委员会，滇桂黔边纵

六、现代风貌

队四支队政委饶华任临时军事管制委员会主任，司令员廖华任副主任，并成立纠察队，负责维护地方秩序。

滇东南地委和行政公署在文山城办公后，陆续成立和组建3个办事机构，开始履行地委和行署的工作职能。

1950年3月，中共云南省委决定将滇东南地委改称为文山地委，将滇东南行政专员公署改称为文山地区专员公署，专区辖文山、砚山、丘北、广南、富宁、西畴、马关七县和麻栗坡市。

从此后，经受国民党黑暗统治和地主阶级压迫剥削的文山地区各族人民，终于实现了翻身解放。各族人民在中共文山地委、文山地区专员公署的领导下，开展了建设人民政权，巩固人民政权，清匪反霸，实行土地改革，发展生产的革命斗争，用智慧和劳动书写文山历史的崭新篇章。

（二）自治州建立再添新气象

1957年3月28日至4月1日，中共文山地委和文山专区在文山城召开各民族代表大会，各族代表818人汇聚一堂，共同研究和商讨建立民族自治州的问题。大会对民族称谓和归系按照民族识别和党的民族政策作了统一。一致同意将自治州定名为文山壮族苗族自治州,选举了由各族代表50人参加的自治州筹备委员会,由罗运通(壮族)任主任,马生申任副主任、郑均任秘书长。之后,委员会即着手开展成立民族自治州的筹备工作,1957年5月24日,国务院第四十九次全体会议批准云南省人民委员会关于设置文山壮族苗族自治州的报告,决定设置文山壮族苗族自治州,撤销文山专员公署。自治州的行政区域为原文山专区的文山、砚山、丘北、广南、富宁、西畴、马关、麻栗坡8县,自治州人民委员会驻文山县城。

1958年1月,地委统战部又召开各族各界人士代表座谈会,与会的131名代表就人民代表大会的名额安排等进行协商讨论。经过一年紧张有序的筹备和认真细致的工作,1958年3月26日至4月1日,自治州第一届人民代表大会第一次会议在文山城隆重开幕,出席会议的各族人民代表共360名,大会听取并审议批准了专署工作报告、司法工作报告、财政工作报告,讨论通过了《文山壮族苗族自治州各级人民代表大会和地方

六、现代风貌

人民委员会组织条例（草案）》，选举产生了州人民委员会委员33名，选举罗运通（壮族）为自治州州长，马生申、黄寿云（苗族）、龙明传（壮族）、李铣（彝族）、赵廷光（瑶族）为副州长。会议还通过了给党中央、国务院、全国人大常委会、中国人民解放军和毛主席的致敬电。大会宣告文山壮族苗族自治州成立，实现了各民族当家做主的愿望。4月2日，中共文山州委、州人民委员会在文山州一中广场隆重举行文山壮族苗族自治州成立大会，文山城区3万多各族群众参加大会。国家民委副主任谢鹤筹、云南省副省长张冲到会祝贺并赠送锦旗，广西、贵州及省内各地、州、县派代表前来祝贺或发来贺电，新当选的自治州州长罗运通在会上讲话，代表各族人民向党中央、国务院及省委表达了感激之情，提出了文山壮族苗族自治州一段时期经济社会发展的目标、任务和措施。

文山壮族苗族自治州的建立，使已经走上了农业合作社的各族人民按照党的民族政策、《中华人民共和国宪法》的规定，在党的领导下行使自治权。各族人民欢欣鼓舞，奔走相告，城乡洋溢着欢乐的气氛,各县于4月2日后相继召开了庆祝大会,各族干部在庆祝大会上充分表达了对党的感激之情和永远跟共产党走社会主义道路的坚定决心。

自治州的成立,极大地鼓舞了文山各族人民的精神和斗志,激发了各族人民的激情。全州种植的32万亩油菜,当年小春生产获得丰收。

随着之后的"反右"及"无产阶级文化大革命",民族政策受到影响,文山的民族工作同样受到严重挫折,民族自治州的民族自治受到影响,但民族政策的某些方面在文山壮族苗族自治州仍然得到执行和落实,如在民族地区建设的民族中学、民族小学仍然冠名民族中学或民族小学,仍然享受学杂费减免的政策,边境地区中小学民族生享受每月3—7元不等的民族生补助费。"文化大革命"中后期,从1970年开始,州、县及有关部门连续几年组织基层和农村的少数民族干部、工人或农民,组成少数民族参观团分期分批赴省会昆明及内地的工厂、机关等参观学习,一直到1984年以后,随着民族工作重点的改变和转移才发生改变。

1978年,中国共产党第十一届三中全会后,

六、现代风貌

党恢复和坚持了实事求是的路线，拨乱反正，党的民族政策又得到了恢复和贯彻落实。1978年开始筹建文山人民广播电台并于当年用汉、壮、苗三种语言开播，之后又开播了瑶语。1992年8月21日，文山壮族苗族自治州第九届人大第九次会议决定，从1993年起，每年4月1日为文山壮族苗族自治州成立纪念日，同时为"文山壮族苗族自治州民族节"节庆日，放假两天（含州庆一天）。从1993年开始在文山城举办为期三天的文山壮族苗族自治州民族节暨首届国际三七节。之后，在各县轮流举办文山壮族苗族自治州民族节暨各县自己有特色的节日。从1994年开始，先后在广南、富宁、西畴、麻栗坡、砚山、马关等县举办文山壮族苗族自治州民族节及各县的节日，简称"双节"。"双节"在各县的举办，使各县县城环境得到了有效整治，提高了城市整体质量，一定程度上促进了各县的开发和建设。各县深入挖掘和整理民族优秀传统文化，利用民族节这一舞台，精心打造文艺精品，推出了一批深受群众欢迎的、极富思想性和艺术性的、有民族特色和地方特色的文艺节目。各民族优秀传统文化得到了较好的展示和弘扬。节日期间,还举行了商品展销和项目推介,既繁荣了节日的市场,又带动和促进了各县的招商引资。马关县2002年举办文山壮族苗族自治州民族节暨马关苗族花山节,专门在县城划出一块空地,作为苗族花山节的活动场所,从2003年开始,每年的春节均在县城的花山场举办苗族花山节活动,一直沿袭下来。马关的苗族花山节被评为云南省少数民族十大狂欢节,中央电视台于2006年到马关进行了采访报道。

文山壮族苗族自治州充分行使《中华人民共和国宪法》和《民族区域自治法》赋予的自治权,结合文山经济社会发展,着力抓好法律法规的制定和实施,州人大常委会于1987年11月20日第八届人民代表大会第三次会议通过并于1988年1月21日经云南省第六届人民代表大会常务委员会第31次会议批准《文山壮族苗族自治州自治条例》后,不断加快立法的步伐,到2015年12月底,共制定并经云南省人大常委会批准颁布实施的法律法规计27部,涉及自治州政治、经济、文化、教育、卫生、环保、民生等方方面面,有力地促进了自治州经济的发展和社会的稳定,推动了文

六、现代风貌

山的民主法制建设。

为实现各族人民当家做主和参与管理国家政治事务的平等权利,根据《民族区域自治法实施纲要》,文山在进行民主改革时,对除了壮族苗族外的其他少数民族聚居的地方建立单一民族乡或者民族联合乡,1958年共建立民族乡59个。其中瑶族乡15个,彝族乡30个,回族乡2个,布依族乡1个,民族联合乡11个。民族乡的建立对于满足各少数民族的政治要求,进一步实现各民族人民当家做主的权利,调动各民族建设社会主义的积极性起到了积极的作用。后随着乡镇机构的改革、变化,到1988年,全州共有17个民族乡,其中彝族乡14个,瑶族乡2个,回族乡1个。

(三)改革开放边疆展新颜

1979年3月,对越边境自卫还击作战胜利之后,越方又继续在中越边境制造事端,秘密占领中越边境制高点,修筑工事,抢夺我边民的庄稼、牲畜,开枪打伤打死我国边民,在边境上肆意进行挑衅。为了保卫祖国领土完整和国家安全,1980年8月后,罗家坪大山、老山、者阴山、八里河东山等边境防御作战相继进行,正在贯彻落实十一届三中全会精神,开展农村土地联产承包制度改革的文山各族人民,又唱响了"一切为了祖国,一切为了前线,一切为了胜利"的时代强音。配合部队支前参战,投入到保家卫国的边境地区防御作战之中。

随着国际形势的不断变化,中越两国关系趋于缓和并逐步正常化,中越边境地区的形势趋于稳定和安宁。1992年12月16日至17日,云南省人民政府在文山召开"文山恢复生产发展经济现场办公会",省委副书记、省长和志强主持会议,副省长赵廷光和省级59个部门,中央驻滇单位以及文山州、县党政领导、有关部门负责人共270人参加会议。会议对文山壮族苗族自治州经济和社会发展以及改革开放进行了深入的讨论和研究,原则批准文山州提出的《文山壮族苗族自治州战区恢复建设方案》,决定今后5年内在文山投资20亿元建设一批重点项目,并在文山经济和社会发展项目建设等方面给予优惠政策,为文山恢复生产,发展经济打下坚实基础。会议还明确了省级有关部门和中央驻滇单位在支持文山恢

六、现代风貌

复建设中的主要任务,所承担的责任和工作措施。会议结束后,中共文山州委、州人民政府于12月17日迅速召开了文山州直机关处级以上干部以及文山州出席省政府现场办公会的全体干部参加的干部大会,由和志强省长和赵廷光副省长作报告,两位领导的报告对文山壮族苗族自治州12年来在捍卫祖国尊严和领土完整中做出的巨大牺牲和无私奉献给予了充分肯定和高度评价,提出了文山今后5年及更长一段时间要抓好的重点工作。一是打好基础增强后劲;二是开发生物、水利、矿产、旅游四大资源,形成产业优势;三是打开山门,面向全国,拓开南门,走向亚太;四是大力培养人才,依靠科技,富民兴州;五是保护生态环境,控制人口增长。

就在文山上下开始全面贯彻落实云南省人民政府"文山恢复生产发展经济现场办公会议"精神,精心谋划文山改革开放和经济发展战略的同时,12月18日,国务院批准文山壮族苗族自治州的文山县、砚山县、丘北县、富宁县、广南县、麻栗坡县、西畴县、马关县八个县全部列入对外国人开放的地区,为文山壮族苗族自治州进一步

·235·

扩大对外开放，发展对外贸易和对外经济技术合作提供了条件，创造了平台。

1992年12月25日，云南省人民政府行文，正式批准《文山战区恢复建设方案》。从此文山壮族苗族自治州拉开了改革开放和大规模建设和发展的序幕，标志着文山州的工作重心从"一切为了前线，一切为了胜利"转移到一心一意集中精力深化改革，扩大开放，聚精会神搞好经济建设上来。成为开发文山、发展文山，振兴文山，加快改革开放和现代化建设步伐的一个新的起点，文山壮族苗族自治州的经济建设进入了一个崭新的发展时期。

1993年2月召开的中共文山州委四届四次全体（扩大）会议，对落实省政府"文山恢复生产发展经济现场办公会"精神，推进文山的改革开放、发展经济作了全面的安排部署，明确了生物资源、水能资源、矿产资源、旅游资源为重点的四大资源开发的目标、任务和措施。在经济发展措施上，提出第一要狠抓基础，打好持久战，第二要选准突破口，打好攻坚战；第三要严格控制人口增长。在加大改革力度上提出：一是进一步深化农村改

六、现代风貌

革,同时继续转换国有企业经营机制,把企业推向市场;二是要加快政府职能转变;三是加快市场体系的培育;四是大力发展第三产业,在进一步扩大对外开放方面,强调要充分利用与越南接壤的地缘优势,进一步扩大对越南的开放,加快对越边境贸易和经济技术合作,同时进一步扩大同其他国家和地区的经济贸易联系,积极参与国际经济大循环;五是要努力扩大对州外、省外的开放,决定1993年4月1日在文山城举办文化活动和经济活动为一体的"文山国际三七节"暨"民族节",扩大文山的对外开放。

国务院批准文山壮族苗族自治州所属八县对外国人开放,省政府文山恢复生产发展经济现场会,使文山壮族苗族自治州从改革开放的末端变成了改革开放的前沿。三七节的举办,改革开放和发展经济的措施的落实,促进了文山壮族苗族自治州经济社会的发展。1993年全州国民生产总值达20.39亿元,粮食总产量7.3亿公斤,财政收入完成1.37亿元,社会消费品零售总额9.77亿元,农民人均纯收入514元,教育、科技、文化、卫生、体育等各项事业有了较大发展。从此,文山壮族苗族自治州经济社会进入了发展的快车道,人民生活逐年不断提高,城乡面貌日新月异。

(四)科技兴农农业展新姿

"春种满山坡,秋收几箩箩",这是新中国成立前文山农业生产特别是粮食生产的真实、客观的写照。文山独特的气候环境和条件,非常适宜各种粮食作物的生长,但文山的地理环境又给粮食作物的生长带来了不利影响。新中国成立后,文山高度重视农业生产发展,将科学技术的推广和使用作为发展农业的重要措施和手段。在专员公署建设科下设农业技术推广组,负责管理全区农业科学技术的推广。各县建设科负责本县的农业科学技术推广。1955年,继文山县于1953年最先成立农业科学技术推广站之后,全州八县先后建立了农业科学技术推广站。1959年6月,文山州农业科学研究所成立,经过长期的发展和完善,1984年底全州已经基本建立起从州到县、乡(镇)的农业科技推广体系。到1990年末,形成了以州、县农业科技部门为指导,乡镇农科站为骨干,科技户、专业户、重点户为基础的覆盖全州的农业技术推广网络。

六、现代风貌

创办于1958年10月的文山州农业学校,建校以来为文山州输送了5千名农业管理和技术人才,培训了上万名农业技术人员。

全州农业科学技术推广,主要抓良种良法,按照良种的特点,总结推广先进栽培技术,充分发挥作物良种的优势。1950年开始到1969年农业科技推广采取的方法是引进稻谷、玉米、小麦等作物良种,农业科技人员下乡或者和各级党委政府的干部一道蹲点,与农民同吃、同住、同劳动,采取良种良法,办试验田,在试验田里推广科学的种植方法,推广优良品种,推广农药和化肥,并改良土壤。这种方式发展到20世纪80年代逐步变为办榜样,选定一个地方进行某项榜样建设,通过几年工作,得出经验,树立榜样,从而在面上进行大面积推广。随着农村农业生产体制的变化,农业管理和农业科技部门也采取积极的办法和措施,适应生产体制的变化。1983年在州农业主管部门的主持下,在丘北县对县、乡(镇)农业科技部门农技推广经费实行大胆改革,进行工作上的三个转变,一变农技推广经费无偿使用为有偿回收;二变无偿服务为有偿服务;三变"只开方，不拿药"为"既开方，又拿药"。对农业科技推广实行"资金、物资、技术"配套服务。这一改革，调动了广大农民运用科技，自力更生，发展生产的积极性，同时使农业科技人员承担了相应的经济风险，增强了技术服务的责任感。这一改革，不仅只是农业科技推广资金的改革，而且推动和促进了农业科技推广方式的改革，得到了各级党委政府的充分肯定和农民的欢迎。1987年4月6日至9日，云南省政府在丘北县召开全省改革农业科技推广资金管理现场会，在全省推广丘北县改革的经验。

1984年开始，在全州农技站中开展综合办站，由原来单一的技术服务转变为办综合配套服务农业科技推广的经济实体。1990年以后，全州继续实行多形式、多项目的科技承包，在规模上由小面积的试验示范与大面积的推广相结合，重点在大面积的实用技术推广，由单项承包向综合配套承包和集团化方向化发展,试行由各级行政领导、农科人员和供销（农资）、金融部门的集团化承包，群策群力，不断提高农田的科技覆盖面。

在引进良种的同时，文山州积极做好新品种

六、现代风貌

选育和两杂育种。早在20世纪70年代在引进外地优良品种推广的过程中,文山州的选择育种便十分活跃。通过一株传、一穗传、一粒传的方式选育出猛硐矮、滇丘1号、云广1号。20世纪80年代初选育出广南无名二号,1984年至1985年,文山州农科所通过杂交育出水稻新品种文稻(一)(二)(三)4号。1966年,丘北县育出玉米新品种丘杂1号之后,西畴县、广南县、文山县、砚山县也先后育出玉米新品种。小麦、花生的育种工作也有了新的进展,分别育出文麦(一)(二)(三)4号和广麦1号。1977年,文山开始进行杂交水稻制种。1978年州县成立"两杂"领导小组并组建了制种专业队伍。1984年至1994年,西畴县、富宁县、广南县先后被列为云南省杂交水稻制种基地县。丘北县、砚山县、马关县、文山县被列为云南省杂交玉米制种基地县。1990年初,配制杂单201号,兴黄单89-2号等杂交种研制成功。玉米杂交种子除了满足本地用种外,还销往省内的怒江、大理、红河等州市。此后,文山的"两杂"制种得到了迅速发展。"两杂"制种步入科学化、规范化轨道。2000年8月,"文稻四号"通过云南省农作物品种鉴定委员审定，成为文山州第一个通过省级审定的优质糯稻新品种。文山自主选育的水稻和玉米品种已经辐射到省外的贵州、广西等省区和越南、老挝、泰国等东南亚国家。每年均有农业科技技术成果获国家、省和州以及国家、省有关部门的科技成果奖和科学技术进步奖。其中，"十二五"期间的2014年，农业系统开展的杂交玉米新品种红单6号引育应用等17项农业科技成果通过州级鉴定、验收和评审，获得2014年度文山州农业科技推广奖13项（一等奖1项，二等奖4项，三等奖8项）；获云南省农业技术推广奖5项（二等奖1项，三等奖4项）；获文山州科学技术奖6项（一等奖2项，三等奖2项，文山州科学技术普及奖2项）。

在农业科学技术的推广和运用中，文山州十分注重农业科技培训，充分利用文山农校、各县农业中学、乡镇成技校、中国农业函授大学等开展各种形势的农业技术培训。从2001年开始，全州实施"绿色证书""跨世纪青年农民培训""科技入户""阳光工程"等培训项目。2015年全州累计完成"绿色证书"培训15603人，经理论

六、现代风貌

考试合格结业9828人,其中4694人获得"绿色证书"。组织专兼职教师进村22456人次,农民视听19213人次,发放图书资料32616册,VCD光盘874碟。通过全州农广校112个滇沪合作白玉兰农业现代远程教育培训336期,参训农民16619人次。

农业科学技术的推广和运用,提高了农业生产的产量。多年来,文山州的农业形势保持稳定,粮食生产从2003年开始到2015年实现"十二连增",2015年粮食总产达158.69万吨,粮食产量的连续增加,为种植业结构调整奠定了良好基础,为农村经济结构调整创造了条件,同时促进了农业产业化发展。2015年,粮经比例为58.1∶41.9,其中,辣椒176.94万亩,油料93.75万亩,水果在地60.26万亩,茶叶在地53.56万亩,三七45.23万亩。2015年,文山三七产业实现总产值149.61亿元,销售收入159.85亿元,税金1.09亿元。农业种植结构的不断调整,特色经济作物种植面积的稳步增长,农业产业化的不断推进,使农民的经济收入逐年增加,农民的生活得到有效的改善。

截至2016年农底,文山壮族苗族自治州获得州以上科技奖300项,研制并获审议通过的新品种有41个。

(五)打造园区工业发展谱新篇

进入21世纪,文山壮族苗族自治州紧紧抓住国家西部大开发和云南省建设绿色经济强省、民族文化大省和面向西南开放的桥头堡的历史机遇,继续实施"工业强州"战略,着力加强工业园区建设。2000年6月,云南省政府批准了文山三七产业园区建设。2001年12月28日,文山三七产业园区奠基开工,2003年7月,州委、州人民政府组织州级相关部门和各县领导干部到江苏、浙江考察学习,考察学习对形势的深入分析,对州情的反复调查。外出考察学习的震动,让州、县上下统一了思想,各级各部门形成共识。在当年召开的县委书记、县长工作会议上,州委、州人民政府提出,除了已经在建设中的三七产业园区外,根据文山的资源情况,再开发建设三个园区,即文山马塘工业园区、平远工业园区(后修改为砚山工业园区)、丘北工业园区。"十一五"和"十二五"期间,文山州把工业园区建设作为全

六、现代风貌

州工业发展的核心载体,将工业园区作为全州经济发展的7个新的经济增长点着力打造,加大了工业园区的建设力度。到2015年底,全州已有10个工业园区,其中9个正在建设,1个正在规划。即文山三七产业园区、马塘工业园区、砚山工业园区、西畴兴街出口贸易加工园区、麻栗坡边境贸易物流园区、富宁边境贸易加工园区,其中文山三七产业园区、马塘工业园区、砚山工业园区被云南省确定为省级工业园区。正在规划建设的广西百色——云南文山跨省经济合作区。

文山三七产业园区选址于文山市城东南部新平坝片区,园区总体规划面积5平方千米,一区建设面积1.12平方千米,已完成建设。二期为登高片区,正在建设之中。文山三七产业园区被国家质监总局列为知名品牌示范区建设,被云南省列为省级高新技术开发区和省级新型工业化产业示范基地。

文山马塘工业园区以文山市马塘镇新开田为中心,沿文山至砚山平远街的公路向南北两端延伸,南起花桥村,北至德厚镇,规划总面积为41.13平方千米。按照"一次规划、逐步实施"

的思路，首期启动的是新开田片区的建设。2008年，马塘工业园区被云南省人民政府评为全省十大优秀工业园区。

砚山工业园区规划面积为30.21平方千米。园区空间布局为"一园四区"，即位于砚山县城西部的循环经济区，位于砚山县平远镇的特色农产品加工区，位于砚山县城区东南部的新型建材加工区和位于砚山县城北面的承接产业转移加工区。砚山工业园区被云南省列为承接东部产业转移特色示范区建设和省级新型工业化产业示范基地。

在探索和推进园区建设的过程中，文山州充分发挥后发优势，学习借鉴了外地园区建设和发展的成功经验，立足文山的实际，高标准，高起点，高位推动。中共文山州委、州人民政府成立了园区建设协调领导小组，加强对园区建设的领导和工作协调，根据工作进展情况，定期或不定期召开园区建设专题会议，及时总结结园区建设经验，分析存在问题，整改和完善工作中的不足。各县（市）结合自身的优势和产业特点，科学确定园区产业定位和发展方向。在园区管理体制上，

六、现代风貌

积极推进园区体制机制和发展模式创新,理顺园区管理体制,各园区组建了园区管委会。在政策措施上不断完善,先后出台了《关于加快全州工业产业园区建设的实施意见》《关于进一步加强外来投资促进工作的实施意见》《关于推动工业跨越式发展的意见》《文山州承接产业转移示范园区优惠政策的若干规定》《文山州工业产业园区考核奖励办法》等一系列政策措施。在工业园区的规划上,结合园区自然条件、资源状况、产业结构、市场需求等情况,科学编制规划,明确园区的功能定位和产业发展方向,合理布局产业。并根据工作进展情况等因素及时调整修编。在工作措施上,州委、州人民政府于2012年组织开展了"产业发展年,园区建设年,招商引资年"活动,把加快园区基础设施建设,完善配套服务体系,改善投资环境,推进招商引资和项目落地建设,深化管理体制改革等作为开展园区建设年活动的重要内容。2013年,启动开展"文山州产业发展三年行动计划"和"文山州服务业建设三年行动计划"。在基础设施建设上,把完善园区软硬设施作为园区建设的重点内容来抓,采取措施,全力推进园区水、电、路、标准厂房等基础设施建设以及现代物流，公租房、廉租房等配套服务设施建设，完善基础设施，提高园区的公共服务水平。同时，着力创新园区投融资平台，推进搭建"政银企"融资平台，采取政府筹资，引进省内外大企业集团，BT模式投资，与企业合作建立园区投资开发公司等多种形式筹措园区建设资金。2013年4月，文山州人民政府与中国太平洋建设集团签订了战略合作框架协议，丘北县与太平洋建设集团签订了园区基础设施建设合作协议，文山市与云南第一路桥公司签订了三七园区基础设施建设合作协议，西畴县和广南县也采取了BT模式引入社会资本参与园区建设，砚山县、丘北县、马关县成立了工业园区投资开发公司参与园区开发建设，多渠道解决园区建设资金的问题。在招商引资上，紧紧围绕文山的生物资源开发、新型冶金化工和三七、烤烟、辣椒、蔗糖、木本油料等产业发展重点，充分利用文山的区位、交通和资源优势，坚持产业招商，以商招商，点对点招商，变"单一项目招商"为"产业链整体招商"。

　　园区政策和配套措施的落实，基础设施建设

六、现代风貌

的日趋完善，园区软件和硬件条件的不断齐备，园区聚集效应和承载能力的不断增强，园区产业集聚优势初步显现，招商引资和承载产业转移能力增强。到2014年底，入园企业已达364户，成功引进了云南云锡集团华联锌铟公司、云南冶金集团80万吨氧化铝、云南天治化工、云南三七科技、马关云铜锌业、永鑫糖业、大唐集团、国电、安徽海螺、英茂集团、福建紫金、太平洋建设集团、江西锂业、天雄锰业、香港美泰、江西实业集团等企业入驻园区。

2014年，文山州9个园区累计完成总产值411.17亿元，其中工业产业386.86亿元，营业收入354.3亿元，实现增加值144.17亿元，利税53.68亿元，完成园区固定资产投资70.02亿元，基础设施投资20.38亿元，从业人员48219人。砚山县工业园区产值超过百亿元，达到104亿元，马塘工业园区、三七产业园区产值超50亿元，分别实现67亿和84亿元。

（六）城镇建设城乡换新容

新中国成立后，文山壮族苗族自治州的城镇建设经历了长期的自然缓慢的发展过程。1992年后，文山州紧紧抓住战后恢复建设的重大历史机遇，加快了城镇建设的步伐，城镇基础设施，市容市貌发生了明显变化，城市化综合功能逐步提高。房地产业有了长足的发展，住宅和商品用房得到了有效开发，城乡居民居住条件显著改善，商业饮食服务网点逐步增多，城市道路和公共交通设施有了较大改善。从1999年开始文山州全面实施城镇化发展战略，加快推进城镇化，城镇建设快速发展，城镇规模不断扩大，城镇化水平稳步提高。加强城镇规划编制，完成了文山市及砚山、丘北、西畴、麻栗坡、马关、广南、富宁七个县县城规划的修编和104个乡镇的总体规划，规划的龙头作用进一步发挥，城镇基础设施建设力度加大，城镇功能逐步完善，住房供应结构取得实效，居民居住条件明显改善。

2010年，经国务院批准，文山壮族苗族自治州文山县撤县建市，文山的城镇建设进入了一个新的发展阶段。在推进城镇化过程中，文山州提出实施重点城镇带动发展，围绕中心城市和不同规模的城市建设，打造区域城市群，促进中心城市和小城镇协调发展。突出抓好文砚平城市群发

六、现代风貌

展,使之成为全州经济发展的核心区域,以文山市为中心,培育一个中心城市,加快发展丘北、广南、富宁等重要交通通道沿线六个县城,扩大区域规模,突出个性,提升水平。以拓展城镇聚集效应为重点,把城镇内部基础设施置于整个区域经济,区域空间范围来规划建设,以完善城镇功能,凸显城镇特色。以增强现代化城镇意识为着眼点,建设完善城镇道路、桥梁、隧道、停车场、公共交通、园林绿化、休闲健身、供气、供水、排水、垃圾收集与处理等市政公用基础设施,促进城镇基础设施建设与公路、铁路、航空枢纽和现代物流发展等的衔接和配套,与区域的生态环境,土地综合整治衔接和融合。继续加快城乡一体化建设,强化规划的龙头作用,全力做好州域城镇体系规划、文砚平城市群规划、县城村镇体系规划、城市总体规划、小城镇规划和村庄规划等城乡规划体系。结合城镇建设,充分利用自然资源和历史人文资源,扎实推进旅游资源优势的开发建设,完善特色旅游区功能配置。重点建设以普者黑为主的高水准旅游康体休闲度假基地。

在实施城镇建设的过程中,文山壮族苗族自

治州各级党委和人民政府切实加强了对城镇建设的领导,州委、州人民政府成立了由州委书记任组长的城镇建设协调领导小组,加强对城镇建设重大问题的研究和部署,适时协调城镇建设中的重大问题,并不断地完善政策措施,制定《文山州城镇建设规划技术管理规定》《文山州城镇廉租住房出售管理办法》等。州人大常委会加强了城镇建设的立法工作,制定并颁发实施了《文山州城乡规划建设管理条例》。在城镇开发建设中,文山州立足实际,学习借鉴外地的先进经验和做法,积极走出去、引进来,既注重引进有实力的企业和个人,又充分调动中小投资者的积极性,把社会各类闲放资金聚集起来投入城镇建设,形成了投资主体社会化,经营主体多元化的城镇建设格局,探索出了具有文山特色的城镇开发建设路子。

在城镇建设的投入上,文山州树立经营城市的理念,多元融资,采取政府主导,依靠社会力量建设城市的举措,建立城镇建设投资主体多元化,融资方式多样化,运作方式市场化的投资体制,既招商引资又激活民间资本,拓展城镇建设

六、现代风貌

的融资渠道。首先是建立健全土地储备、招标、招卖制度,通过土地有偿使用,增加土地权益金,聚集城镇建设金;其次是对城市开发权、使用权、广告权、冠名权、特许经营权等无形资产进行招标拍卖,让无形资产发挥效益;再次是按照"谁投资、谁受益"的原则,放开投资限制,吸引资金到城镇规划区进行土地、房屋开发,按规划进行城镇道路、桥梁、园林、路灯、供排水设施等建设。

文山州十分注重城镇功能的不断完善,在加快建设新城市区的同时,有计划、有步骤地改造或拆除影响城镇功能和城镇景观的建筑及临时设施,改造城镇出入口,城乡接合部和小街小巷,并大力实施城镇绿化、美化、净化、亮化工程,解决城镇的通畅等问题,改善城镇的居住环境。

文砚平城市群的建设是文山壮族苗族自治州在推进城镇建设中的重大创举。2003 年,中共文山州委、州人民政府提出建设文砚平经济圈,之后启动了调查研究及经济圈建设的规划等工作。"十一五"期间,全面开展并完成《文砚平城市群"十一五"规划和 2020 年远景目标》,对"文砚平"三角区范围内的文山市区、砚山县城、平远镇、马塘镇、德厚镇、平坝镇、东山乡、红甸乡、秉烈乡、稼依镇进行经济发展和城镇建设合理定位和分工，围绕定位和分工进行城镇基础设施建设，改善城镇环境，使文砚平城市群的聚集、辐射作用得到充分释放。2010年，又提出建设文、砚、丘、平城市群，并完成了文砚丘平城市群的规划编制，继续推进文山、砚山、丘北和砚山县平远镇经济社会发展一体化建设。

在推进文砚丘平城市群建设的同时，积极推动小城镇建设，制定并颁布了《关于加强小城镇建设工作的意见》，按照规划布局合理、基础设施配套完善、环境优美舒适、产业充满活力，房屋建设各显特色的要求，将文山市的平坝、砚山县的平远、麻栗坡县的天保、马关县的八寨和都龙、丘北县的八道哨、广南县的八宝、富宁县的剥隘和田蓬等作为重点进行规划和建设，并在平坝、平远等开展特色小城镇试点建设，小城镇作为区域性经济文化中心的作用日益显现。

"十一五"期间，全州继续把扶贫攻坚整村推进作为工作重心，把新农村建设和村庄规划有

六、现代风貌

机结合,整合各部门涉农扶持资金,整合各业务部门的技术力量,立足实际,因地制宜,发挥优势,科学谋划,统一规划,分步实施,使新农村建设和扶贫攻坚整村推进取得明显的成绩,一个个"乡风文明、村容整治、管理民主、经济发展"的社会主义新农村正在成为壮乡苗岭最美的风景,乡村各族群众的居住环境得到有效改善。

2008年,位于城南片区盘龙河畔的盘龙体育城建成并投入使用,这是一个占地接近1平方千米,能容纳2万人的综合大型体育场馆,其中包括室内游泳馆、羽毛球馆、网球馆和室外篮球场等体育设置,建成当年便在体育馆内举行了文山壮族苗族自治州建州50周年的大型庆祝活动。体育城的建成,大大提升了文山城的城市综合功能和品质,既能够承担和举办大型的体育赛事和文化商贸等活动,又满足了城市居民休闲、娱乐、健身的需要。

2014年底,一个集购物、休闲、娱乐、商住为一体的、洋溢现代气息的商业体——光大商业城在文山城东风路上落成,这是文山城市建设中的第一个城市综合体,成为文山城市建设的新地标。2015年、2016年天润百货、和谐世界城在东风路及老文山的小而全、上条街等的相继建成，让传统的东风路又成了商家云集，商品丰富的现代化商业区。

到2015年底，文山城区发展成北至凤凰山，南至花桥村，南北长18千米，西至西华山脚，东至文笔塔，东西长3.5千米的沿盘龙河两岸有序建设、分布合理、纵横交错、错落有致的方圆34.7平方千米的现代化城市。城镇化率达37.2%，被省批复认定城市综合体项目6个，全州有14个集镇入围全国重点镇，12个集镇入围省级特色小镇，14个村庄入围国家传统村落，2个村庄入围全国特色景观旅游名村，州级认定传统村落123个，州级宜居小镇17个，州级宜居村庄168个。

（七）强化基础设施促发展

1992年，文山州开始把工作重点转移到改革开放和经济建设上来，以此为新的起点，文山州基础设施建设进入了快速发展的历史时期。中共文山州委、州人民政府全力抓好战后恢复建设，着力推动基础设施建设项目的落实，并紧紧抓住

六、现代风貌

这一历史机遇,继续争取国家的支持,多措并举,全力以赴推进包括水利、电力、通讯、交通等基础设施建设,文山州基础设施落后的状况得到了较大改变。

水利建设方面,20世纪50年代"大跃进"时期及60年代初期,全州掀起了农田水利建设高潮。1992年开始,文山州的水利主要以"五小"水利建设为重点,动员组织群众进行大规模的农田水利建设,对已建水利工程进行维修、配套、改造和提高。进入"九五"时期,在国家的支持下,开工建设马关大丫口水库等一批水利骨干工程,加快了富宁清华洞水库工程建设,对一些重点工程进行除险加固和续修配套。随着"兴水强州"战略的实施,文山州水利建设进入了全面发展的新时期。文山暮底河水库、广南八宝水库、平远、丘北两个大型灌区、富宁清华洞二期、马关达号水库,文山布都河水库、以腻资水库、南油水库等一批重点工程和广南那马、西畴团结等小型水库建设相继开工,其中,文山暮底河水库、广南八宝水库、富宁清华洞二期工程、马关达号水库等相继完工,文山德厚大型水库入选国家"十一五"

水利备选项目和云南省"十一五""双百"重点前期工程,并于2015年开工建设。在全州新建了一大批水利设施,如马关的马鞍山水库等,农业基础设施建设得到了极大改善。到2015年底,全州蓄水总库容8亿立方米,总供水能力达到15亿立方米,基本解决了城乡群众饮水安全问题,让群众喝上了干净水、放心水、安全水。以小水窖、小水池为主,在农村山区建设一大批引、提、集的"五小水利"工程,极大地解决了山区群众的生产用水问题,全州水利化程度达到了20%。

电力建设方面,以2009年装机30万千瓦的马鹿塘电站建成并投入运行为重要标志,文山州相继建成了拉气、咪湖三站、对门河、上石龙、普楼、小寨、容拉、大梁子、小白河等水电站。到2016年底共建成水电站158座,建成丘北羊雄山、赵马路、大龙山三座风能发电站和砚山平远阿三龙一、二期光伏发电站2座,全州电力发电总装机210.14万千瓦,其中水电装机178.31万千瓦,风力发电装机14.7万千瓦,光伏发电装机5万千瓦,其他的余热余压及竹木物质燃料发电12.1万千瓦。

六、现代风貌

通讯方面，1996年8月成立文山州邮电局移动通信分局，1998年邮电分营，相继成立文山移动通讯公司、文山电信公司、文山联通公司，移动、联通和电信不断加强基础设施建设，有计划、有步骤地扩大网络覆盖范围和提升信号覆盖质量，不断推出新业务，认真实施"兴边富民行动"和"村村通"工程，到2015年底，通讯光纤已覆盖八县（市）和所有乡（镇）及部分行政村，通讯基站分布在全州各地，4G网络信号已覆盖所有的乡镇，97%的行政村已通光纤宽带。互联网已深入到城乡各家各户，为城乡各族群众生产生活提供了方便、快捷、多样化的信息服务。无论是在城市，还是在乡镇、农村都可以实现通话、视频播放、信息接收和发送的多项业务。

交通基础设施方面，进入20世纪90年代，文山州的交通基础设施进入快速发展的时期，公路通车里程迅速扩大，公路的等级也在不断提高。1996年12月23日，文山至平远二级公路开工建设，2000年9月建成通车。文山至麻栗坡至天保，文山至马关至都龙，珠街至广南至广西壮族壮族自治区西林县界三条二级公路，于2009年9月开工建设，2011年8月先后建成通车。普者黑至砚山碳房一级公路于2008年12月开工，2011年2月建成正式通车。衡昆高速公路文山段砚山至平远街于2001年6月开工，2004年1月建成通车。平远至红河弥勒县锁龙寺于2003年11月开工，2007年2月建成通车。罗村口至富宁至砚山段于2004年12月全程开工，至2008年4月建成通车。富宁至广西那坡高速公路于2012年10月开工。由文山州采取BT模式自建自营的高速公路平远至文山于2014年2月举行开工仪式，和蒙自至文山至砚山的高速公路同时动工。

设计时速为200千米/小时的云桂铁路经文山州的丘北县、广南县和富宁县，于2010年6月进场施工，这是国家《中长期铁路网规划》中的主干线，于2016年建成，它结束文山没有铁路的历史，使文山进入高速铁路时代。

位于富宁县剥隘镇的富宁港建设，从2001年开始筹建，到2015年已基本完成一期工程建设，第二期工程建设正在积极推进之中。

2004年，距文山城区23千米的文山机场动工兴建，于2006年8月30日建成通航，开通了

六、现代风貌

文山至昆明每日两班和星期二、四、六、日文山至重庆的航班。

到2014年底,文山州公路总里程达15503千米,其中高等级公路862千米(高速公路303千米,一级千米路59千米,二级公路500千米),有铺装的高级路面3783千米,州府所在地文山城至各县(市)公路已全部实现高等级化,文砚平丘城市群实现高等级公路互联互通。全州104个乡(镇)街道已全部通畅,947个行政村有517个已实现通畅,有430个村实现通达,实现了县县通高等级公路(其中砚山县、富宁县通高速公路),乡乡通畅,村村通达的目标,交通基础设施建设取得显著成效,交通条件进一步改善,初步构建了"水、陆、空"大交通的格局。

(八)浓墨重彩社会事业溢华彩

新中国成立后,党委、政府高度重视社会事业的发展,结合文山实际,认真落实党中央、国务院和省委、省人民政府的部署和要求,采取积极有效的办法和措施,推进社会事业的不断发展,社会事业实现了从无到有、从弱到强、从萌芽起步到繁荣发展的历史性跨越。

顺利实现了普及九年义务教育，建立了完善的民族教育体系。1950年至1966年，文山州的教育处于建设发展、稳步前进的阶段，各县、乡、村相继建立起了幼儿园、小学、中学，教育发展平稳，教学质量不断提高。1966年至1976年，文山州的教育处于曲折发展阶段，教育事业在艰难曲折中继续得到巩固和发展。1978年，中国共产党十一届三中全会后，文山州的教育步入了一个新的快速发展的关键阶段，对教育的投入持续加大，教育基础设施不断得到改善，教师队伍建设不断加强，教育改革持续推进和深化，教育结构不断得到优化。2007年，全州八县"两基"（基本消除青壮年文盲、基本普及九年义务教育）全部通过省级验收。2003年，作为云南教育改革与发展试点，文山州开始进行基础教育的综合改革。2015年4月1日至2日，中共云南省委、省人民政府在文山召开全省教育综合改革试点现场会，总结推广文山州教育综合改革的做法和经验，分析全省教育改革与发展的形势，研究部署教育改革与发展的任务。这次会议，把文山州基础教育改革推向了一个新的发展阶段。

六、现代风貌

2006年，中共文山州委、州人民政府颁布《关于大力推进职业教育改革与发展的实施意见》。2007年，州委、州政府决定将州职教培训中心、州民族职业技术学校、农校、财校、卫校、技校等中等职业学校异地搬迁到文山城南片区集中建设，组建"文山州职教园区"，2008年开始，6所中职学校分区分批迁入园区。

2009年，文山师范高等专科学校顺利通过省和教育部高等学校设置评议委员会专家评审，4月1日，国家教育部发文批准在文山师范高等专科学校的基础上建立综合性本科院校——文山学院。

2009年，由云南三鑫集团筹建的云南三鑫职业技术学院，经云南省人民政府批准，国家教育部备案正式成立，为民办全日制普通高等专科院校，并于当年开始招生。

到2015年底，全州的所有九年义务教育阶段的中小学生全部享受了免费教育，学生营养餐实现了全覆盖。全州已经形成了从学前教育到基础教育、职业教育、高等教育为一体的教育体系。全州有各级各类学校2036所，其中高等教育学校

2所、中等教育学校30所、普通中学144所、小学1329所,各级各类在校生达到686411人。小学、初中、高中的入学率、巩固率、升学率稳步提升。

民族优秀传统文化得到了继承和弘扬,群众文化生活丰富多彩。1950年后,相继建成立地区(州)和县文化管理和群众文化工作机构。1980年后,各类群众文化事业机构不断完善,初步形成了以州府所在地为中心、各县县城为依托,重点乡镇为纽带,遍及全州的群众文化网络,各民族民间文化得到了继承和发展。

1958年,文山州文工团成立之后,各县相继成立了文工团。1993年文山州文工团更名为文山州民族歌舞团,文山州民族歌舞团组织演出了以文山州各民族生产生活为主要内容的民族歌舞,有《七乡风采》《敲响铜鼓》等,多次参加省内大型文艺活动的演出并进京参加国家重大文化活动的演出,多次赴港澳台演出并出访越南、俄罗斯、美国、澳大利亚等国开展文化交流。2005年10月赴越南交流演出期间,受到了正在越南访问的中共中央总书记、国家主席胡锦涛的亲切接见。

六、现代风貌

1960年，在富宁县文工团基础上成立的文山州壮剧团，致力于壮剧的挖掘、传承和弘扬，创作演出了《螺丝姑娘》《野鸭湖》《木棉兄弟》《彩虹》等大量优秀剧目，深受边疆群众的欢迎。

2016年，全州有艺术表演团体9个，博物馆3个，公共图书馆9个。公共文化设施的功能和作用充分发挥，公共图书馆、文化馆、博物馆、纪念馆、综合文化站等免费向社会开放。

广播影视事业发展迅猛，1978年，文山人民广播电台成立并开始用汉、壮、苗、瑶四种语言播出，1990年4月1日，文山电视台成立，并开始播出电视节目。2009年4月1日，文山电视台用壮语、苗语播出新闻节目。2012年，文山人民广播电台和文山电视台合并组建文山广播电视台，广播仍用汉、壮、苗、瑶四种语言播出，电视用汉、壮、苗三种语言播出，其中广播有新闻综合和交通两个频率，电视有公共和综合两个频道。

从1985年开始建设地面卫星转播站，随后在全州实施了广播电视覆盖的"211"工程、"311"工程和农村小片网络以及"村村通""户户通"工程建设，稳步地解决广大农村群众听广播看电视的问题,县城和乡镇在建设有线电视光纤覆盖之后,于2012年实现了有线电视数字化。到2016年,广播电视公共服务已覆盖全州城乡,广播电视人口综合覆盖率分别达到96.2%和97.5%。

医疗卫生业持续发展,各族群众健康得到有效保障。全州建立了州、县、乡、村全覆盖的医疗卫生防疫网络,实现州有州医院、中医院,县有县医院、中医院,乡镇有卫生院,村有卫生室的医疗卫生格局,州县均有专门的疾病防疫和妇幼保健机构。全州医疗卫生机构完善,队伍健全,服务体系日臻完善。疾病控制坚持预防为主、科学防治、成效明显,地方病、传染病得到有效控制。妇幼卫生成绩赫然。农村合作医疗稳步推进,依靠科技、注重创新,医疗服务迈上新台阶。传承特色、发挥优势,中医中药事业得到发展。2015年,全州卫生机构1390个,各类医疗卫生机构床位14517张,州县乡村四级卫生服务不断加强,农村各族群众基本医疗保障制度逐步完善,保障水平显著提高,全州农村各族群众参合率达99%。

体育事业稳步发展,全民健身蔚然成风。新中国成立后,以学校体育为重点的群众性体育活

六、现代风貌

动,在学校、机关、部队、厂矿、企事业和农村中逐渐开展,各民族传统体育活动得到继承和发展,以球类、体操、田径、游泳、射击、武术等项目为主的体育竞赛逐渐开展。1959年成立文山体育学校,1954年至1984年,全州举行了三次运动会。从1982年开始,定期举行少数民族体育运动会,到2015年底,已经连续举办了9届,1982年开始每两年举行一次中学生运动会,1987年开始每两年举行一次小学生运动会。从1998年开始,中小学生运动会合并举办,体育基础设施逐步改善。1992年建成文山体育场,1998年建成文山民族体育馆。2010年,借举办云南省第十三届运动会之机,文山在城南片区建成了有运动场、室内游泳馆、羽毛球馆、网球馆、篮球馆、乒乓球馆的文山体育城。州和部分县城多次承办了全省的综合运动会、少数民族传统体育运动会和其他单个项目的运动会。各县也借举办大型文化活动或承办文山州民族节之机,先后建成了多个体育场,积极争取国家和省的投入和支持,在乡镇和行政村建设篮球场等体育设施,城乡体育设施日趋完善,学校体育、社会体育、群众体育、民族体育、老年人体育、残疾人体育蓬勃发展,全民健身方兴未艾。

2012年11月24日,文山马关藨苗族拳手熊朝忠,在昆明市体育馆举行的迷你轻量级世界拳王争霸赛中,经过12回合的精彩对决战胜墨西哥拳手哈维尔·马丁内斯,一举夺得WBC迷你轻量级世界拳王金腰带,成为中国首位世界职业拳王。熊朝忠当年被评为云南省十大新闻人物,入选CCTV十大体育风云人物提名,第2年,经过两次挑战赛,熊朝忠成功卫冕。

(九)跨越赶超再踏新征程

"十三五",文山又站在了一个新的历史起点上,2012年10月24日,云南省人民政府在文山召开文山经济社会发展专题会议,省委副书记、省长李纪恒出席会议并作重要讲话,会议提出:文山州要进一步加强通道建设,努力破解发展瓶颈制约,要着力建设新型冶金化工、生物资源开发、区域性现代商贸物流、旅游文化休闲度假"四大基地";要一手抓园区经济,一手抓民营经济,打造特色产业集群;大力推进同周边省区的深度融合发展,进一步加大统筹力度,进一步保障和

六、现代风貌

改善民生，进一步维护团结和谐大局，努力建设全国民族团结进步模范自治州。这是自1992年以来省政府在文山召开的研究和解决文山发展问题的又一次重要会议，对文山经济社会的发展作了全面的安排部署。

2013年1月19日，虽然是周末，但中共文山州委、州人民政府会议厅仍然和往常上班时一样，能容纳200多人的会议厅座无虚席，各县（市）委、政府和州直属部门的主要领导把会议厅坐得满满的。中共文山州委、州人民政府在这里召开"文山州'三农'规划编制工作动员大会"，中共文山州委书记纳杰在会上对编制"三农"发展大规划作了全面安排部署，提出了具体明确的要求。会议强调：举全州之力推进全州"三农"发展大规划编制工作；着力实施"村庄建设、基础设施、产业发展、改革创新、公共服务、生态环境、能力提升、考核评价"工程，全力突破"三农"发展难题，为推动农业增效、农村发展、农民增收致富，追赶全国全省全面建成小康社会奠定坚实基础。会议要求：全州各级各部门要加强组织领导，组建精干队伍，落实保障措施，精心选择试点，迅速启动编制工作，广大党员干部职工要坚持解放思想，求真务实、用心、用情、用力、用（使）命工作，切实沉下身子、深入基层、深入农村和农业发展一线，坚决打好推动"三农"发展这场持久战、攻坚战、责任战和能力战。会后，一场声势浩大的、涉及面广的、以农户为重要规划基础，以自然村为重点规划单元，囊括全州八个县（市）、102个乡镇、3个街道、883个村委会、72个社区、13807个自然村的"三农"发展规划在全州上下同时全面展开。其间，州人民政府先后召开几次专题会议，研究措施，督促落实，州委常委会召开专题会议，听取工作进展汇报，并研究解决工作中的问题，全力推进规划编制工作。经过半年多的上下共同努力，州县（市）、乡（镇）、村委会、村小组五级"三农"发展的规划体系编制完成。规划明确了"三农"发展的发展基础，发展条件、发展构想和要着力实现的十大任务，提出了"三农"发展实施的八大工程及六项保障措施。规划按"1258"时间表来推进，即1年规划同步试点，2年开始推广逐步完善，5年全面推开巩固提高，8年实现奋斗目标，形成科学发展长效机

六、现代风貌

制,到 2020 年全州与全国全省同步全面建成小康社会。

"三农"发展大规划编制完成后,文山壮族苗族州于 2013 年 8 月在全州开展了农村集体林权、土地经营承包权、农民住房所有权(含宅基地使用权)的所有权颁证工作,开展"三权三证"抵押融资,全面激活农村凝固资产,引导社会资本流向农村发展产业,突破农业发展的资金瓶颈。

2013 年 12 月,文山州人民政府与广西壮族自治区百色市人民政府在百色市签署了《关于建设百色——文山跨省经济合作园区协议》,双方决定,按照"政府主导、市场运作、优势互补、长期合作、互惠互利、风险共担"的原则,共同建设,运营管理跨省经济合作园区。2015 年 11 月,百色、文山跨省经济合作园区揭牌仪式在广西百色市那坡县举行。园区规划已通过两省区发改委评审,园区党工委、管委会和投资公司等机构已成立并配齐了领导班子,园区的基础设施建设稳步推进,各项政策和发展措施已在逐步完善。

在全面实施五大基础设施网络建设五年大会战中,文山州结合实际研究制定了实施意见,提出了五大基础网络建设的目标和任务，到 2020 年形成内畅外通，网络完善，运行高效的综合交通运输体系；构建跨区域，保障有力，绿色安全的能源保障体系；构建共享普惠，高速高效的互联网基础设施。根据实施意见，文山州大力推进五大基础设施网络建设，民用机场建设积极推进，交通设施建设进展加快，文山至马关高速公路进场道路暨征地拆迁工作启动仪式于 2016 年 8 月举行。文山至天保口岸的高速公路即将动工兴建。

2016 年 3 月召开的文山壮族苗族自治州第十三届人民代表大会第六次全体会议，审议经过了《文山壮族苗族自治州国民经济和社会发展第十三个五年规划纲要》，提出未来五年全州地区生产总值，固定资产投资，公共财政一般预算收入，社会消费品零售总额，外贸进出口及城乡居民人均收入跃上新的台阶，现行标准下贫困人口全部脱贫，贫困县全部摘帽。转变发展方式取得实质性进展，基础设施网络体系日趋完善，现代产业体系初具规模，城镇化水平明显提高，创新驱动发展能力有所增强，城乡区域发展更趋协调，公共服务体系更加健全，公民素质和社会文明程

六、现代风貌

度显著提升。

2016年9月,中国共产党文山壮族苗族自治州第九次代表大会,对全面实施"十三五"规划,全面推进文山的发展作了全面部署,提出要全面贯彻创新、协调、绿色、开放、共享、发展新理念,坚持发展第一要务,积极适应和引领经济发展新常态,把文山优势融入国家和省发展战略,狠抓发展机遇,坚持稳中求快,快中求好,统筹推进经济、政治、文化、社会、生态文明和党的建设,努力把文山建成国家"一带一路"倡议重要支点和云南省面向泛珠区域开放前沿,边疆民族团结进步示范区、石漠化地区生态文明建设示范区、滇桂黔石漠化精准扶贫和左右江革命老区振兴整州推进示范区。聚力闯出一条文山特色跨越式发展新路子,打赢精准脱贫攻坚战,确保与全国、全省同步全面建成小康社会。

参考文献

[1] 文山壮族苗族自治州地方志编纂委员会编.《文山壮族苗族自治州志》(一至六卷)[M].云南人民出版社,2000年11月第一版.

[2] 文山州地方志编纂委员会.《文山州志》(上下册)[M].德宏民族出版社,2014年第一版.

[3] 文山州年鉴编辑委员会编.《文山年鉴》(1996—2016)[M].德宏民族出版社出版.

[4] 文山州发展和改革委员会编.《文山州十一五规划重点课题研究报告》.内部资料.

[5] 文山州发展和改革委编.《文山州十二五规划成果汇编》.内部资料.

[6] 文山州发展和改革委编.《文山州十三五前期研究成果汇编》.内部资料.

后 记

2016年7月，根据省社科联关于《云南史话编辑策划方案》，文山州社科联制定了《〈云南史话·文山篇〉编撰方案》，定名《文山史话》，成立了由文山州社科联主席李维金担任组长并任主编的编撰委员会工作小组。从文山州社科联内部抽了6位同志参与研究编撰。具体为：

李维金，负责书稿目录和"现代风貌"编撰并负责全书的统稿；

王怀文，负责"史海钩沉"编撰，并协助李维金同志做好统稿工作；

张友燕，负责"自然人文景观"编撰；

王燕波，负责"概况综述"编撰；

李　飞，负责"地方文化"编撰；

何光才，负责"历史沿革"编撰。

在本书的编撰过程中，得到了州委办、州政

府办、州人大法制委员会、州委宣传部、州委党史办、州发展改革委、州志办、州文广体局、州国土局、州旅发委、州住建局、州民宗委、州农业局、州交通运输局、《文山日报》社等相关部门的大力支持,提供了大量的文献资料,提出了非常好的修改意见,为本书的顺利完稿奠定了良好的基础。在编撰过程中,还参考了州直各部门已出版的部门志,限于篇幅不能在此一一列举。州委宣传部朱荣同志提供了封面和封底照片,州文广体局侯健同志对地方文化部分进行了认真的审阅和修改。在此一并表示诚挚的谢意。

由于编写水平有限,书中错漏和不妥之处难免,诚恳希望各位同行和读者提出宝贵意见和建议。

文山州社科联

2018 年 2 月